창업가의 답

창업가의 답

혁신을 이룬 스타트업은
어떻게 데스밸리를 넘었나

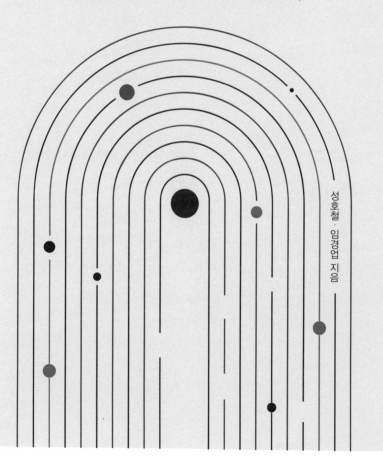

성호철 · 임경업 지음

창업가의 답, 끝까지 도전하라

열두 명의 창업가를 만났다. 스타트업을 5,000억 원에 매각한 창업가는 물론이고, 숱한 실패 끝에 반지하 월세방을 전전했던 사례도 있다. 벌써 조 단위의 기업 가치를 인정받은 스타트업도 있고 아직은 유니콘 후보인 곳도 있다. 열두 명은 출신 학교부터 관심사, 사업 영역까지 전혀 달랐다. 하지만 한 명도 예외 없이 스타트업에 진심을 다하고 있었다. 시간과 돈뿐만 아니라, 마음까지도 남김없이 스타트업에 모조리 쏟아부었다.

진심을 다해 몰입하는 창업가의 모습을 고스란히 전한다. 현장의 목소리만 듣고 담았다. 물론 성공의 비결도 잔뜩 묻어있다. 하지만 일부러 없는 살림을 부풀린 성공담 같은 것은 없다. 엄청난 성공 스토리만 켜켜이 쌓여있을 것 같은 기업도 저마다의 악전고투를 겪으며 지금까지 버텨왔다. 30개월 동안 매출 '제로'를 버틴 오늘의집이나 밤 12시에 몰래 맘카페에 들어가 홍보했던 당근마켓처럼 말이다.

《창업가의 답》은 책에 남기고자 시작한 인터뷰가 아니었다. 저널리즘 생존 실험이 그 목적이었다. 기자가 천직인 글쓰기 노동자 둘이 고민한, 밥값 하는 저널리즘 본질에 대한 천착이 출발점이다. 예컨대 '취재만 하고 좋은 기사를 쓰기만 하면 먹고살 수는 있을까'라는 물음이다. 단순 계산으로는 저널리스트 1명의 물적 토대에 적어도 유료 구독자 1,000명의 지지가 필요하다. 이 책에 등장하는 래디쉬 창업가 이승윤의 고민과 같았다.

그렇게 탄생한 것이 '쫌아는기자들' 프로젝트다. 스타트업 창업가의 인터뷰를 뉴스레터로 보내는 식이다. 주제가 스타트업인 이유는 두 기자 모두 스타트업을 취재한 경험이 있었기 때문이다. 2021년 3월 시작 당시만 해도 스타트업과 창업가에 대한 사명감이 깊지 못했다. 오롯이 밥값 가능한 텍스트 콘텐츠가 무엇일지에만 목맸다.

흔한 인터뷰로는 안 될 것 같았다. 매출이나 투자와 같은 숫자로는 표현할 수 없는 창업가의 고뇌, 팩트만으로는 증명 못 할 그들의 꿈, 창업 팀원의 열정을 글로 담으려 했다. 구독자가 부쩍 늘었다. 점자 동화책을 만드는 스타트업 센시의 창업가 스토리가 나가자, 선뜻 투자하겠다는 벤처캐피털이 나왔다. 중소벤처기업부 장관이 회사를 방문하기도 했다. 배달의민족 김봉진 창업가가 현금 1억 원씩 주고 후배 창업가의 보유 주식을 산다는 이야기를 썼을 땐 전세금에 쪼들린 한 창업가가 용기 내 그에게 전화했다고 한다. 글의 무게다.

그때쯤이다. 출판사 포르체 박영미 대표가 책을 쓰자고 제안했다. '종이에 새기지 않기엔 아깝다'고. 계획에 없던 일이었다. 그제야 깨달았다. 창업가 삶을 온전히 적은 기록이란 게 거의 없었다. 설령 몇몇 찾았어도 애당초 창업가를 신화처럼 떠받드는 수식어에 파묻힌 글이었다.

책은 이런 문제의식에서 출발했다. 세상의 모든 스타트업이 유니콘이 될 수는 없다. 숱한 실패가 반드시 성공의 밑거름이 되지도 않는다. 아무도 기억하지 않는 실패가 곱절이나 많을 터다. 하지만 쫌아는기자들 프로젝트는 그 모든 것을 기록하고 싶었다. 기록됨으로써 의미를 되찾는 실패도 있지 않을까. 글쓰기 노동자의 소박한 소명이다. "갑자기 두려움이 훅 밀려와서 도망가고 싶다 생각하고 있었는데, 소파에 털썩 앉아서 기사를 읽다가 마음에 빛이 확 들어오는 기분"이었다고 말해준 한 창업가의 말에서 기록의 의미를 찾았다. 이미 고통의 창업길에 들어선

현직 스타트업 창업가에게 이 책이 힐링페이퍼였으면 한다. '여러분은 혼자가 아니에요'라고 말해주는, 한밤중의 라디오 방송처럼 말이다.

인터뷰에서 만난 스타트업 창업가들께 감사의 말을 드린다. 까칠하고 집요한 질문에 답을 주지 않았다면 애초에 이 책도 없었을 것이다. 거친 글에 따뜻한 손길을 주신 포르체에도 고마움을 전한다. 책의 원고를 보낸 오늘, 두 명의 기자는 다시 저널리즘 생존 실험으로 돌아간다. "당신이 실패하지 않는 유일한 순간은 당신이 마지막으로 시도하는 때다. 끝까지 도전하라(본문 p.178)"는 창업가의 답은 우리도 기억하고 있다.

2021년 12월 광화문의 사무실에서
쫌아는기자들 프로젝트팀
성호철, 임경업

차례 *contents*

당근마켓:
파괴 강박을 버린 라스트 무버

파괴하지 마라, 라스트 무버가 1등이 된다.
페이팔 창업가 피터 틸 [1]

스타트업은 혁신자다. 그렇다면 혁신자는 파괴자와 동의어인가. 스타트업은 현재의 재화와 서비스로는 풀 수 없는 문제를 풀고자 한다. 단 문제를 푼다는 것이 현재의 서비스를 모두 없애야 한다는 뜻은 아니다. 예컨대 에어비앤비가 '여행자가 여행지의 일반 주택에서 묵는다'는 혁신을 일으켰다고 해서 그 순간 모든 호텔의 존재 이유가 사라지지는 않았다. 변화는 언제나 기존 질서에 균열을 일으키는 변수지만 그렇다고 '혁신innovation'과 '파괴disruption'가 동일하지는 않다.

　파괴는 혁신에 따라 때때로 발생하는 부수물이지, 최종 목표가 아니라는 뜻이다. 페이팔 창업가이자 투자자인 피터 틸Peter Andreas Thiel은 "실리콘밸리는 파괴에 대한 강박 관념을 가지고 있다"고 말한다. 스타트업이 파괴에 집착해 파괴 자체를 목표로 착각하면 역으로 레거시 회사의 시각으로 자신을 정의 내리는 꼴이라는 것이다. 현재 기업을 통해서만 설명할 수 있다면 그것은 혁신 기업이 아니다.

피터 틸은 "파괴자는 문제를 일으키고 싶어서 문제를 찾아낸 사람이다. 교실 내 질서를 파괴한 아이는 교장실로 보내진다"고 말한다. 같은 의미로 퍼스트 무버first mover(새로운 세상으로 가장 먼저 진입한 개척자)에 대한 오해도 씻어야 한다. 시장에 먼저 진입하는 것 자체가 목적이 될 수는 없다. 왜 신규 시장에 진입했으며 무엇을 찾고 있는가, 라는 물음에 답할 수 있어야 한다.

당근마켓은 중고 거래를 돕는 스타트업이다. '당근하다'라는 신조어를 만들고 소비자의 삶에 스몄다. 아무것도 파괴하지 않고 판을 바꾼다. 당근마켓은 중고 거래 시장의 라스트 무버다. 중고나라와 번개장터가 장악한 중고 거래 시장에 뒤늦게 진입했다. 그렇다고 당근마켓 이전에 소비자들이 중고나라와 번개장터에 불편을 토로했던 것도 아니다. 누구도 아프지 않은 지점에서 당근마켓은 혁신의 스타트를 끊었다. 당근마켓의 경쟁자는 애초부터 중고나라가 아니었던 것이다. 당근마켓의 창업가는 생뚱맞게 "맘카페에서 참 많이 배웠다"고 말한다.

라스트 무버 당근마켓의 창업자에게 묻는다. 당근마켓은 대체 이전의 경쟁 상품과 본질적으로 무엇이 다른가. 파괴하지 않는 혁신이라는 개념은 성립 가능한가. 당근마켓은 끝까지 교장실에 보내지지 않을까.

당근마켓
김용현

• • •

1978년생. 김용현 공동창업가는 서울
대 경제학부를 졸업하고 삼성물산 상
사부문(금융팀과 해외영업팀)에 있다가
2007년에 네이버로, 2011년에는 당시
스타트업이었던 카카오로 이직했다.
2015년에 당근마켓을 창업했다. 김용
현은 "당근마켓 창업 당시에 감히 중
고나라의 아성에 도전한다는 생각도
없었다"고 말했다.

라스트 무버인 당근마켓이 진짜인 이유

'당신 근처의 마켓'이라는 뜻의 당근마켓. '당신 근처'란 반경 6km를 말한다. 동네라고 하기엔 꽤 넓다. 2021년 4월 MAU(월 활성 이용자) 1,500만 명을 넘었다. 창업가라면 누구나 꿈꾸는 숫자다. 왜 우리는 당근마켓에 열광할까.

> "솔직히 코로나 영향이 컸어요. 집에 오래 머무니까 가구나 인테리어, 중고 거래에 눈이 가요. 집을 정리하거나 새로 꾸미고 싶어져서 당근마켓에 관심을 가지게 된 것 같아요. 판매 물건이 많아지니 고객이 모이고, 그러니 물건이 더 모이고 고객은 더 많아지는 선순환이요. 6km 제한인데도 충분히 거래할 수 있게 되었죠."

김용현 창업가의 말은 부족하다. 중고나라와 번개장터라는 중고 거래 시장의 선두가 있는 상황이다. 같은 논리라면 그들이 더 크게 성공했어야 한다. 하지만 오히려 판이 뒤집혔다. 김용현은 "고질적인 중고 거래의 약점인 신뢰 문제를 해소한 것이 성공했다"고 봤다.

> "판매자는 구매자가 동네로 오니 편해요. 예전처럼 박스 구하고 포장하고 우체국에 가야 하는 불편함이 사라졌어요. 구매자는 싸고

빠른 구매가 이루어지니 편하죠. 직거래라 사기가 불가능하고요. 중고 거래의 고질적 약점인 신뢰 문제를 해결했어요. 지역 베이스라 덤으로 서로 과자나 손 편지도 주고받고 동네 주민 간 따뜻한 거래가 생기고요. 사고파는 게 재미있어지는 거예요."

당근마켓은 중고 거래의 라스트 무버다. 혁신의 이름으로 기존 질서를 파괴하려고 시도하지도 않는다. 외려 대체 '무엇'을 혁신하려는 것인지 시작점부터 불분명했다. 그의 스토리가 때론 모호한 이유다.

"사실 비즈니스 모델을 다 설계한 게 아니고 동네 사람들이 거래하는 모습을 보고서야 '아, 이런 게 따뜻한 거래 문화겠구나' 하고 오히려 배웠어요. 좋은 아기 침대를 기꺼이 동네 이웃에게 싸게 팔고 또 사신 분이 고맙다고 과일 바구니 들고 찾아오는, 그런 따뜻한 거래요. 손 편지를 쓰는 분들도 적지 않고요. 고객에게서 우리가 하는 일이 뭔지를 배웠죠."

• • •

침투율 60%의 의미, 당근마켓의 거대한 피벗 시작점

당근마켓의 대한민국 침투율은 평균 60%. 침투율은 지역 커뮤니티의 전체 타깃 인구 대비 이용자 수다. 타깃 인구는 20~64세다. 예컨대 1,000명이 사는 동네에서 600명이 당근마켓을 쓴다는 것. 강남구는 침투율이 100% 이상이다. 강남구의 타깃 인구는 36만 명인데 이 지역 내 이용자는 39만 명이다. 강남구에 거주하지 않더라도 직장이 강남구에 있는 이용자들이 동네 등록을 했기 때문에 나온 현상이다.

침투율이 중요한 이유는 당근마켓이 중고 거래 사이트가 아니라 맘카페와 같은 지역 커뮤니티이기 때문이다. 단, 테크놀로지 맘카페다. 지역의 모든 커뮤니케이션이 당근마켓을 통하게 한다는 목표다.

지역 커뮤니티 당근마켓이 풀려는 페인 포인트 pain point(현재의 기업이나 시장에서는 해소하지 못한 소비자들의 불편함)는 동네 자영업자들이다. 동네 장사를 하는 자영업자들인데도 정작 동네 주민과 단골에게만 도달할 뾰족한 마케팅 수단이 없다는 대목. 음식점이야 배달의민족에서라도 동네 주민 상대로 홍보하겠지만 다른 업종은 그마저도 없다.

동네 주민의 60% 이상이 쓰는 앱이 있다면 동네 자영업자는 그 동네 이용자에게만 마케팅할 수 있다. 김용현 창업가는 "동네라는 커뮤니티는 산업화, 정보화 등으로 파편화되고 무너졌지만 거꾸로 저희는 테크놀로지를 이용해 다시 동네 커뮤니티의 재정립을 바란다"고 말한다.

"동네에서 식당을 운영해 보세요. 막상 홍보할 수단이 없어요. 전단지는 효율이 엄청 떨어져요. 인건비도 많이 들고요. 무엇보다 동네 주민들은 전단지 받을 때 경험이 안 좋아요. 마지못해 받고 바로 버리죠. 동네 주민의 60~70%가 쓰는 앱이 있다면, 그리고 식당 자영업자분들이 스마트폰에 능숙하지 않아도 클릭 몇 번 만에, 단 5분이면 광고를 만들 수 있다면, 그리고 광고를 곧바로 가게 주변의 동네 소비자가 볼 수 있다면, 모두에게 도움이 되지 않을까요? 카톡을 쓸 수 있는 수준이면 누구나 광고를 올릴 수 있는 난이도로, 50~60대 자영업자분들도 몇 번만 터치하면 광고할 수 있는, 그런 소통 앱이에요."

중고 거래 시장에선 라스트 무버인 당근이지만 애초 타깃은 중고 거래가 아니었다. 지역 커뮤니티의 마케팅 플랫폼, 아직 네이버도 잡지 못한 미지의 시장을 노린 것이다. 당근마켓이 해소하려는 두 번째 페인 포인트는 청소 대행 같은 지역밀착형 스타트업의 혁신을 돕는 일, 세 번째는 알바와 같은 동네 고용시장의 유연성 확보다.

· · ·
해볼 만한 마케팅은 다 해봤다,
당근마켓이 3가지 페인 포인트를 확인한 시간

당근마켓은 다소 엉뚱한 창업 초창기를 보냈다. 해답 없이 헤맨 그 아픈 시간은 3가지 페인 포인트를 파악하는 과정이 되었다. 2015년 초창기 당근마켓(당시 회사 이름은 판교 장터)을 두고 김용현은 "해볼 만한 마케팅은 다 해봤다"고 말했다.

동네 자영업자처럼 전단지를 돌렸다. 2015년 판교 장터는 판교에 있는 아파트에 전단지를 돌렸다. 전단지에 돈을 썼더니 효율은 앱 설치당 5,000원 정도였다. 일주일에 100만 원 쓰면 앱 다운로드가 200건 정도였다. 아파트에 전단지 붙이는 건 공짜가 아니다. 예컨대 200세대면 전단지를 붙이기 위해 일주일에 10만 원을 관리사무소에 낸다. 그래서 광고하기 힘든 동네 자영업자의 난감함을 너무 잘 안다.

"전단지의 비효율성을 경험했어요. 그래도 젊으니까 해볼 때까지 해보려고 드론도 띄웠어요. 판교역에서 내리면 육교를 지나가야 했거든요. 한 달간 출퇴근 시간에 '판교장터' 현수막을 든 드론을 띄웠죠. 40분 날렸지만 앱 설치 수는 2명이었어요. 주변에서 불법이라고 말해줘 그만뒀죠.(당시에 허가받지 않고 공공 장소에서 공중에 물체를 날리는 행위는 불법이었다. 요즘은 일부 규제가 개선됐다.)

드론의 실패로 배운 것도 있어요. 2015년 10월 판교장터를 당근마켓으로 이름을 바꿨는데 아직도 '드론을 날린 스타트업'이라고 판교장터를 기억하는 분들이 계세요. 판교에서 IT기업 다니시는 분들이 드론을 보면서, '이게 뭐지' 했을 테죠. 다운은 안 받고. 그래도 명확하게 기억에는 남은 거죠. 그제서야, 당시 마케팅이 바로 브랜드 광고였구나 깨달았어요. 여하간 당시로서는 실패

였죠. 동네 주민에게 앱 홍보하려고 플리마켓에 참여하기도 했어요. 룰렛 이벤트해서 꽝 나오면 당근을 줬죠. 당시 1등 상품은 기억이 안 나네요. 꽝은 확실히 당근이었어요."

* * *

밤 12시에 들어간 맘카페에서 발견한 터닝포인트

고전하던 당근마켓의 히스토리에 전환점이 그때 발생했다. 갑자기 700명의 육아맘 고객이 당근마켓에 가입한 것이다. 좋은 중고 물품이 늘어났고 사용 빈도도 높았다. 당근마켓은 이 순간 한 단계 업그레이드되었다. 나중에 신기한 현상의 이유를 찾아보니 전 직장 동료가 당근마켓을 써보고 괜찮다는 리뷰를 판교 맘카페에 올린 덕분이었다. 따로 부탁한 것도 아니다. 전단지 마케팅(다운로드 1개당 5,000원)과 비교하면 무려 350만 원짜리 효율이다. 맘카페의 지역 마케팅 파워를 실감했다.

"맘카페를 알아야겠는데 저도 그렇고 초창기 멤버들이 다 남자였어요. 2015년 11월과 12월, 그때 멤버 6명은 맘카페에 들어가 당근마켓을 홍보했어요. 맘카페는 굉장히 좋은 커뮤니티예요. 그만큼 제한을 어기는 글을 철저하게 걸러내요. 멤버들은 와이프 계정으로 몰래 밤 11시, 12시에 들어가서 '당근 써보니 참 좋네요'

라는 글을 올려요. 밤에 글을 써야 안 잘리고 오래 살아남아요. 나중에 삭제되기도 하지만요. 전단지와는 차원이 달랐어요. 댓글 100~200개씩 달리고. 그런데 맘카페 홍보는 오래 못 갔어요. 어느 날, 전국 맘카페 수십 곳에서 홍보 계정이 동시에 줄줄이 강퇴된 거예요. 알고 보니 맘카페 매니저분들끼리 단톡방이 따로 있는데 거기서 당근마켓 얘기가 나왔나 봐요. 계정이 들통난 거죠. 그 다음엔 무서워서 맘카페에 글을 못 올렸어요. 또 배웠죠. '홍보도 중요하지만 브랜드는 더 중요하구나' 하고요."

육아맘들이 무얼 원하는지 파악한 당근마켓은 '육아맘을 위한 직거래 중고앱'으로 보다 정밀한 타깃을 잡았다. 카페 육아맘들의 페인 포인트가 있다. 맘카페는 서로 좋은 정보를 나누는 곳인데 직거래는 자칫 회원 간 문제를 발생시킬 우려가 있기 때문에 어쩔 수 없이 '일주일에 직거래 글은 한 번'과 같이 벼룩시장의 기능을 제한한다. 송파의 한 맘카페는 '직거래 글은 한 달에 한 번만 가능'처럼 강한 제한을 둔다.

아무나 직거래 글을 쓸 수도 없다. 맘카페는 등급 상향에도 철저하다. 가입은 여자만 가능하고 주소 인증도 해야 한다. 아파트 관리비 내역서를 제출하거나, 또 아이가 있음을 입학 통지서 같은 서류로 입증한다. 가입 후 글 50개 또는 댓글 50개와 같은 기준을 충족해야 레벨이 올라가고 중고 직거래 글을 올릴 수 있다.

"맘카페에서 지역 커뮤니티의 중요성을 배웠어요. 전국 200개 정도 유명 맘카페에서는 동네 자영업자분들이 배너 광고도 해요. 맘카페 매니저분들이 제한을 많이 둬요. 후기도 엄청 중요해요. 악성 후기 하나에 가게 망한다는 말이 나올 정도로요. (이런 제한을 둘 때) 맘카페의 매니저분들에게 고민이 왜 없었겠어요. 그래도 커뮤니티를 유지하기 위해 신뢰가 가장 중요하다는 생각으로 결정한 것이죠. 스타트업인 당근마켓은 바로 그 대목을 '판매 제한'이 아닌, 기술로 풀자고 생각했어요. 전화번호로 누구나 가입할 수 있게 문호를 넓히는 대신, 어뷰징은 머신러닝으로 커트해요. 매너 온도를 당근 지역 커뮤니티에서 지키는 거죠, 기술로요. 'C2C'(고객과 고객이 직접 거래하는 방식)에서는 누구나 글을 올리기 때문에 신뢰도를 확보하는 게 사업의 핵심입니다."

• • •

동네 커뮤니티의 복원

세계 최대 커뮤니티인 페이스북은 가상의 공간에서 이용자를 연결해 커뮤니티를 확장하는 구조다. 반면 페이스북 성장의 뒤안길에서는 동네 친구 커뮤니티가 사라지는 추세다. 동네에는 아는 친구가 한 명도 없는데, 온라인인 페북에서 잘나가는 동창생의 사진을 보거나, 한 번 만난 적도 없는 유명인의 글을 읽는 것이 괜찮을까. 먼 친척보다 가까운 이웃이라고, 동네에서 함께 자전거를 탈 동네 친구도 필요하지 않을까. 당근마켓은 '동네 이웃의 부활'에서 스타트업의 존재 이유를 찾았고 당근마켓은 동네 친구를 이어주는 연결 플랫폼이 되려고 한다.

"동네가 사라지고 있잖아요. 그걸 살리고 싶어요. 따뜻한 동네 중고 거래와, 맘카페의 동네 정보 교환을 보면서 배운 겁니다. 당근마켓은 '같이 해요'라는 지역 커뮤니티 서비스를 해요. 당근은 동네 기반 앱이니, '자전거 가르쳐주실 분', '가게 봐주실 분', '같이 등산해요'처럼 '같이 해요'라는 메뉴가 있어요. 꽤 인기 있어요. 본래 동네 이웃끼리 유용한 정보를 나누자는 취지로 '동네 생활'이란 메뉴가 있었어요. 동네 사건 사고나, 분실, 실종 센터, 동네에 대한 질문 등을 나누죠. 2021년 3월 오픈했어요. 동네 질문 비중이 29.47%로 가장 높은데, 같이 해요가 19.13%로 그 다음입니다. 동네 이웃끼리 뭔가 같이 하면 좋겠다 싶지만 막상 하려면 쉽지 않죠. 당근마켓이 그걸 이어주려고요."

단, '같이 해요'에서 술 모임과 남녀 모임은 금지다. 이용자들이 신고하면 삭제한다. 테크놀로지의 신기능은 자칫 불륜과 같은 왜곡된 문화 형성을 부추길 수 있다. 카카오톡의 오픈채팅방이나 페이스북, 트위터는 음란물, 성매매, 불륜과 같은 부작용에서 자유롭지 못하다. 당근마켓은 동네 커뮤니티라 이런 부작용이 발생하면 타격이 훨씬 크다.

"감사하게도 이용자분들이 동네 커뮤니티에 이상한 게 생기면 신
고를 잘 해주세요. 당근마켓이 목표대로 동네 커뮤니티로 컸다는
증거라고 생각해요. 당근마켓의 목표는 지역에서 매일 쓰는 일상
생활 앱입니다. 지역 커뮤니티를 복원하는 것이죠. 도시화로 깨진
동네 문화, 그러니까 동호회, 축구교실, 취미생활, 같이 산책, 각종
모임, 동네 장사, 단골 문화 등이요. 지역 공동체라는 게 혹시 당
근마켓으로 재건되지 않을까, 하는 기대가 있어요. 인터넷에 빠져
살지만 진짜는 오프라인의 삶이니까요. 그 향수와 수요를 연결하
면 삶이 풍성해지지 않을까요. 로컬이란 테마로 해외 진출도 준
비하려고요. 다른 나라도 지역 커뮤니티는 별로 없어요. 당근은
전 세계를 통틀어도 유니크한 소셜 앱일 수 있습니다."

• • •

성공하려면 첫 수가 아닌, 마지막 수에 집착하라

체스 그랜드 마스터인 호세 라울 카파블랑카 José Raúl Capablanca는 "성공
하려면 다른 무엇보다 먼저 마지막 수를 연구하라"고 했다.[2] 당근은 마
지막 수에 집착하는 스타트업이다. 동네의 모든 걸 완결 짓는 자리를 노

리는 것이다. 중고 거래로 시작해 동네 커뮤니티를 구축한 지금, 당근마
켓 하나로 동네를 완결 짓는 플랫폼을 만드는 마지막 수에 모든 역량을
걸고 있다. 동네 주민과 자영업자, 생활밀착형 서비스를 하나로 묶어,
지역 내 모든 페인 포인트를 풀겠다는 것이다.

"당근마켓에는 비즈프로필이라는 메뉴가 있어요. 지역 광고 메뉴
예요. 동네 자영업자분들은 누구나 무료로 만들 수 있어요. 동네
주민들은 가게가 마음에 들면 단골 맺기를 해요. 동네 식당에서
소식 글을 올리면 단골 등록한 주민의 화면에 꽂아줍니다. 이런
소식 글은 클릭률이 무려 11%나 돼요. 일반 중고 거래글이 1.7%
니까 엄청 높은 거죠. 생각해보면 당연합니다. 좋아하는 가게로
등록한 분들이니, 그 가게의 소식에도 관심을 갖는 거죠.
당근은 지역 광고, 전단지의 대체를 노린다고 했잖아요. 그게 비
즈프로필이 되지 않을까 기대합니다. 동네에서 장사하시는 분들
이 동네 이용자를 위한 타깃 이벤트를 하고 동네 단골들이 이벤
트 혜택을 고스란히 누리는, 그 중간에 불필요한 비효율을 없애
는 거죠. 동네 사장님이 동네 이용자와 소셜 소통하는 방식으로
요. 벌써 비즈프로필에 24만 자영업자분들이 등록했어요. 국내
자영업자 수가 대략 200만 명인데 말이에요.
또 하나는 구인 구직입니다. 1시간 안에 동네에서 아르바이트생
을 구하는 플랫폼이 될 수 있다고 생각합니다. 편의점을 운영하

는데 직원이 갑자기 펑크가 나잖아요. 그때 당근마켓에 글을 올리면 1시간 내 구할 수 있는 방식입니다. 테스트 중이에요.

청소연구소나 세탁특공대와 같은 서비스가 당근마켓에 미니앱으로 입점하고 있습니다. 이런 서비스는 유저 획득 비용이 상당히 높아요. 한 번 썼다가 삭제하는 고객분들도 많거든요. 하지만 생활에는 꼭 필요한 앱이고요. 당근마켓은 이용자가 계속 쓰는 앱이니까, 스타트업 입장에서는 유저 획득 비용보다 당근에 내는 수수료가 저렴할 수 있습니다. 이렇게 생활 서비스를 당근에 입점시키려고 합니다."

당근마켓만 있으면 동네 생활의 모든 것을 처리할 수 있도록 하는 것이다. 동네만을 위한 슈퍼앱이다. 반대로 동네 슈퍼앱이라는 마지막 수를 두기 위해 중고 거래부터 커뮤니티까지 여정을 걸어온 셈이다.

· · ·

경쟁자는 페이스북, 해외에서도 성공할지는 아직 판단 못 해

국내 성공 방정식이 해외에서도 똑같이 가능할지는 미지수다.

"당근은 2021년 현재 영국 40개 도시, 캐나다 4개 도시, 일본 일부

에 진출했어요. 영국은 잘되는 듯했는데, 쉽지만은 않습니다. 캐나다는 밴쿠버, 캘거리에서 사용되는데 초기라서 교민분들이 많이 사용하세요. 섣불리 판단하기는 이릅니다. 교민분들께는 죄송하지만 한국어 말고 영어로 써달라고 부탁드립니다. 한국어를 모르는 해외 사용자도 사용할 수 있도록요.

해외 진출의 1차 안착 기준은 '자연 성장하는, 바이럴로 성장하는, 해외 거점의 1개 도시'를 만드는 겁니다. 경쟁자는 페이스북입니다. 물론 각 나라의 중고 거래 마켓과도 경쟁하지만 결국 페이스북을 넘어야 합니다. 예컨대 페이스북은 영국에서 마켓플레이스를 제공하는데, 페이스북 홈에서 두 번째 탭이에요. 페이스북 마켓플레이스는 이용자가 수억 명이에요. 단지 한국에서는 이 서비스를 안 해서 안 알려졌을 뿐입니다. 페이스북 앱에는 네이버후드라는 서비스도 있는데, 아마도 당근과 똑같은 생각이지 않나 싶어요. '온라인이 만든 관계는 허무하다.' 그래서 오프라인과 연계한 지역 커뮤니티가 필요하다고요."

● ● ●

당근마켓 창업가의 숨겨진 창업 실패 2번

김용현은 당근마켓이 첫 창업이다. 로열로더(한 번의 도전으로 왕좌의 자리까지 오른 경우)다. 하지만 숨겨진 두 차례 실패가 있었다. 창업했더니 바로 성공하더라와 같은 신화는 없는 것이다. 김 창업가는 법인을 설립하지는 않았지만, 당근 이전에 두 차례 창업 유사 경험과 실패한 이력이 있다. 네이버 재직 중이던 2009년에 월 50만 원짜리 오피스텔을 빌렸다. 회사에서 퇴근하면 다시 그쪽으로 출근하는 식으로, 네이버 동료 3명과 위키 기반의 자동차 리뷰 스타트업을 준비했다. 진행한 지 3개월이 지났을 때 핵심 멤버인 개발자가 일본으로 발령났고 흐지부지 끝났다. 2010년 말에는 맛집 앱 프로젝트에 도전했다. 개발은 외주 주고 6개월간 치열하게 몰두했다. 출시도 못 해보고 접었다. 쓰린 실패를 경험한 김용현은 카카오 공채 소식을 듣고 이직했다.

2011년은 카카오 직원 수가 40명이던 시절이다. 그의 업무는 로컬 TF였다. 지금은 사라진 카카오플레이스를 맡았다. 김범수 카카오 의장의 미션은 '전단지만 모으면 안 되니, 맛집을 먼저 모으고 그걸 지역 광고로 연결하자는 것'이었다고 한다.

"나중에 알고 보니 제가 맛집 앱 프로젝트를 했던 때와 같은 시기에 씽크리얼즈라는, 저와 똑같은 아이디어의 스타트업이 있었던 거예요. 씽크리얼즈의 창업가가 현재 당근마켓의 공동창업가인 김재현 대표입니다. 카카오가 씽크리얼즈를 인수했고 김재현 대표도 로컬 TF를 함께했습니다. 진짜 신나게 일했습니다. 카카오 플레이스는 론칭하고 200만 참여자를 모았습니다.

카톡 이모티콘을 주고 4개월간 마케팅을 진행하니 200만 명을 모으긴 했는데 사용자의 니즈 검증 없이 마케팅을 태운 거죠. 사업은 이렇게 하면 안 된다를 배웠습니다. 그 앱을 만드는 데만 8개월 걸렸습니다."

또다시 실패의 이력이 늘었다. 머릿속은 '앱은 자주 쓰지 않으면 살아남지 못한다', '이용자는 자꾸 앱을 지운다'라는 고민과 그 해답을 찾기 위한 생각뿐이었다. 그때 카카오의 사내 중고 거래 게시판이 눈에 들어왔다. 하루에도 수십 번씩 게시판을 들락날락하는 직원들이 있었다. 봤더니 엄청 좋은 물건이 싸게 올라왔다.

"물건을 올리는 직원은 본인의 평판을 고려해 싸게 내놓고요. 같은 회사 직원끼리니 신뢰도 있고요. 물건이 좋으니 5분 만에 팔리고 그러다 보니 좋은 물건 잡으려고 다들 자주 들어가요. '판교에만 1,000개의 IT기업이 있는데 확장하면 뭔가 되겠다' 싶었어요. 그래서 창업한 게 판교장터예요. 당시엔 회사 이메일로만 계정을 만들 수 있었어요. 다른 동네 주민들이 '나도 쓰게 해달라'고 했고 육아맘들이 '왜 나는 못쓰냐'는 말을 해서 동네 인증 기능을 도입했습니다. 당근마켓의 시작이죠."

...
사용자 가치가 최우선이다, 그래야 살아남는다

카카오를 그만두고 판교장터를 창업했다. 판교장터 앱은 창업 딱 2주만에 개발했다. 카카오 마켓플레이스가 앱 론칭까지 8개월이 걸렸으니 엄청난 속도다. 당근마켓은 빠르게 론칭하고 일주일에 몇 번씩 업데이트하고, 고객의 니즈를 이해하면서 조금씩 성장하는 전략을 택했다. 카카오 마켓플레이스 실패에서 배운 교훈이다.

> "'사용자 가치가 최우선이다. 그래야 살아남는다'는 게 당근마켓의 모토입니다. 같은 말을 반복하자면 '핵심만 빨리 만든다. 그래야 살아남는다'는 것이죠. 사용자가 그 서비스를 원할지는 결국 아무도 모르니까, 핵심 기능만 구현하고 그걸 알아보는 겁니다. 해외에서도 도시 하나에서 서비스 오픈하고 좌충우돌하면서 배우고 있습니다. 페이스북의 전략인 'Move Fast & Break things(빠르게 돌파하라)'이 그런 의미가 아닐까 싶네요."

서울 대치동에 사는 김용현은 자녀가 둘이고, 당근마켓의 평범한 남자 30대 이용자다.

> "주로 와이프가 거래하고 저는 심부름해요. 당근하다 보면 점점 노

하우가 생겨서, 버스 정류장에 세 명 정도가 있으면 감이 잡혀요. 주변을 두리번거리는 분과 눈빛 교환을 하죠. '당근이세요?'하면 잘 맞아요. 그런데 가끔 '아닌데요'라는 답이 돌아오면 쭈뼛하죠. 안심통화는 그래서 만들었어요. 본인과 상대방의 번호 모두 노출하지 않고 한 시간 이내에만 통화 가능한 기능이에요.

최근 아이를 위해 200만 원짜리 야마하 전자피아노를 득템했어요. 예전엔 아이들 땅콩 책상을 거의 새것으로 5만 원에 득템하기도 했죠. 사용감도 거의 없고 5분의 1 가격이에요. 생각보다 무거운 제품이라서 택배 거래는 안 되고 버리긴 아깝고 필요한 동네 주민에게 싸게 내놓으신 거죠. 3~4년 잘 쓰고 부모님 댁에 가져다 놨는데 부모님이 당근마켓으로 무료 나눔했어요.

얼마 전 집에서 안 쓰는 장난감용 찰흙을 내놓고 집 근처에서 기다리는데 초등학생이 온 거예요. '제가 점토 놀이를 좋아해서 엄마가 당근으로 사줬어요'라며 직접 픽업을 온 거죠. 그게 부피가 이만해요. 좋아하면서 들고 가는 모습이 너무 귀여웠어요."

당근마켓 김용현, 2주의 이유

일문
일답

> 판교장터(당근마켓의 초기 버전) 앱을 2주 만에 만들었다는데,
> 그럼 퀄리티가 너무 낮지 않나요. 무모한 판단 아닌가요.

개발 기간이 짧다고 해서 퀄리티가 낮다는 의미는 절대 아닙니다. 꼭 필요한 핵심 스펙으로만 완성도 있게 구현해 오픈하는 것입니다. 이용자에게 가치 있는 최소 수준의 서비스, 최소기능제품MVP, Minimum Viable Product를 구현하고, 이용자 반응을 살피면서 빠르게 요구에 부응해 개선하고, 추가로 필요한 기능들을 붙여나가는 전략입니다. 판교장터 앱의 초기 모델은, 간단한 중고거래 게시판이 전부였습니다. 채팅 기능도 없이 댓글로만 거래가 이루어졌죠. 서비스 오픈 후 이용자 요구가 이어졌어요. 채팅, 검색, 거래 품목별 카레고리 구분 등 새로운 기능에 대한 요구가 계속해서 이어졌고, 빠르게 개발해 서비스를 업데이트했습니다. 일주일에 3~4번씩 진행되기도 했었죠. 이용자들도 요청 내용들이 빠르게 반영되는 경험을 하면서 앱에 대한 충성도가 더 높아졌던 것 같습니다.

래디쉬:
호모 픽토르의 사고와
찰스 디킨스의 1페니 소설

그는 호모 파베르Homo fabre가 아니다. 호모 픽토르Homo pictor이다.
인문학자 이어령 3)

때로는 뜬구름 잡는 이상론으로 무언가를 만드는 인간, 그게 호모 픽토르가 아닐까. 상상에 흠뻑 빠졌지만, 놀이와 같은 본인만의 세상에 추락했어도, 그 안에서 논리적인 체제를 만드는 인간. 남들이 이해하지 못하는 방식으로 행동하며 끊임없이 자신의 삶을 창조의 감성으로 채워간다. 주로 형상적 인간으로 번역되는 호모 픽토르는 창업가創業家(업을 만드는 사람)에게 빼놓을 수 없는 요소다. 도구를 쓰는 인간인 호모 파베르를 넘어선, 상상력이 특출한 인간, 그곳에서 한발 더 나아가 상상한 것을 손에 잡히는 형체로 만드는 인간, 바로 창업가다.

웹소설 스타트업 래디쉬의 이승윤은 호모 픽토르다. 그는 철학 전공이다. 컴공과가 아닌 철학과 출신 창업가만이 가지는 강점이 있을까. "철학은 '노인과 아이 중에 누굴 죽여야 하느냐'를 두고 토론해요. 사회적 통념, 법을 다 내려놓죠. 그리고 오로지 내가 세운 논리, 그 논리의 정교함만 두고 싸워요. 창업이 그래요. 오로지 창업가가 맞다고 생각하는 그 논리로 세상에 없던 비즈니스나 혁신을 밀고 나가야 해요. 논리를 얼마나 정교하게 세우고, 남들과 다른 상상을 해내느냐가 성공을 가르는 것 같아요. 철학과 비슷한 것 같지 않나요." 그의 말이다. 찰스 디킨스Charles Dickens에 대한 상상력을 고스란히 하나의 혁신을 쌓아간, 이승윤 창업가의 스토리다.

래디쉬
이승윤

• • •

1990년생. 대원외고를 졸업하고 2010년 9월 영국 옥스퍼드 대학에 입학해 정치 철학을 전공했다. 미국 대학이 아닌 영국 옥스퍼드를 선택한 이유는 철학에 흠뻑 빠졌기 때문이다. 2012년에 200년 역사의 정치 동아리, 옥스퍼드 유니언 회장에 당선됐다. (옥스퍼드에는 한국 대학과 같은 총학생회장이 없기 때문에 통상 정치동아리 유니언 회장을 그와 유사하게 본다.) 옥스퍼드 유니언 출신들은 영국이나 미국, 캐나다를 비롯, 영연방의 각국 정치인으로 활동하는 경우가 많다. 이승윤은 "유니언 회장 출신 중에 정치가가 아니라 스타트업 창업가 된 사람은 나뿐일지 모른다"고 말했다.

상상력을 5,000억 원의 돈으로 바꾼 래디쉬

호모 픽토르의 기질을 가진, 옥스퍼드 대학 졸업생인 28살 창업가는 2018년 여름, 미국 실리콘밸리에서 전환사채CB, Convertible Bond(사채로서 발행되었지만 일정기간 경과 뒤 소유자의 청구에 의하여 주식으로 전환할 수 있다) 라는 빛의 늪에 빠졌다.

그 여름 래디쉬는 26개의 전환사채를 짊어지고 있었다. 사채마다 적게는 2.5만~3만 달러, 나중에는 10만 달러가 넘는 것들도 있었다. 이승윤은 최악의 상황에서 사채를 돌려 막는 신세였다. 개인 빛만 20만 달러가 넘었다. 도산은 개인 파산으로 이어질 상황이었다. 추가 투자를 받지 못하면 말이다. 그런 래디쉬가 단 3년 만인 2021년 6월 카카오에 무려 5,000억 원에 인수됐다. 이전 한국 스타트업 업계에서 보기 힘든 최고가 엑시트Exit(창업가가 회사의 주식을 파는 행위)이다. 3년의 간극에서 이승윤은 상상력을 형상으로 만드는 데 성공한 것이다.

• • •

옥스퍼드 유니언 회장이라는 꼬리표

이승윤에게서 옥스퍼드 유니언 회장이란 직함을 빼놓을 수 없다.

"옥스퍼드에서 학생회장 같은 명망 있는 자리죠. 지금까지 영연방 총리만 10명 넘게 배출한 동아리 회장이니까요. 그런데 그건 밖의 시선이고요. 개인적으로는 자신감이 생겼어요. 마이너리티가 콧대 높은 영국 사회에서 인정받은 거예요. 옥스퍼드에는 돈 많고 유명한 집 자제들이 넘쳐나요. 중국 공산당의 실세 중 하나였던 보시라이薄熙來 전 충칭시 서기 아들 보과과薄瓜瓜도 직전 옥스퍼드 유니언 선거에서 떨어졌어요. 리콴유李光耀 싱가포르 전 총리의 손자도 토론 멤버였어요. 책을 읽으면 그냥 페이지가 한 장의 사진처럼 머리에 저장되는 천재죠. 옥스퍼드 최고 천재. 사실 옥스퍼드 가기 전에는 제가 잘난 줄 알았는데 진짜 대단한 녀석들 사이에 낀 거예요. 회장을 경험하고 나니 글로벌 금수저들 사이에서도 '뭔가를 할 수 있다'는 자신감을 얻었죠. 물론 옥스퍼드 출신이라는 것 덕분에 대단한 사람들을 좀 더 쉽게 만나고 도움을 얻을 수 있었던 것도 사실이고요."

한국 젊은이가 인생 길에서 두고두고 써먹을 수 있는 무기를 손에 넣은 것이다.

"옥스퍼드 유니언 회장을 하고 나서 잃은 것도 있죠. 친구가 없어져요. 동아리 회장 선거라지만, 별도로 본인 선거 캠프를 조직하고 진짜 선거하듯이 경쟁해요. 예컨대 회장 선거를 준비할 때나

회장을 하고 나서도 하루에 9끼를 먹었어요. 아침, 점심, 저녁 모두 세끼씩이요. 최대한 많은 사람의 지지를 얻기 위해서 그랬던 것이죠. 아마 대부분의 정치인이 비슷하지 않을까 싶은데…. 그사이 진정한 친구들이 사라지더군요. 정치를 하지 않겠다고 다짐했죠. 자신이 아닌, 남을 위해 사는 느낌이었어요. 사업은 소수만 그 기업 가치를 인정해도 굴러가요. 하지만 다수의 지지를 얻어야 하는 정치는 달랐어요. 성격에 안 맞고 외로웠어요."

옥스퍼드 유니언 출신인 동료들은 다들 어렵지 않게 글로벌 컨설팅 회사에 역대 연봉 신입 사원으로 취직했다. 꽤 많은 동료는 자국에 돌아가 정치인의 길을 걸었다. 불완전한 미래와 불안을 안은 다수의 20대 젊은이와 비교해 옥스퍼드대라는 타이틀은 특권이다. 이승윤도 인정한다. 하지만 역대 연봉 취직이나 정치인의 길이 아닌, 스타트업 창업의 길을 택했다. "제가 아는 한, 동료 중에 스타트업 창업한 사람은 없어요. 특이한 선택을 한 셈이죠."

· · ·

주택을 소유하지 않는 억만장자, 니콜라스 베르그루엔

창업 길에는 3명의 멘토가 존재했다. 첫 번째는 집 없는 억만장자로 유명한 니콜라스 베르그루엔Nicolas Berggruen. 2,000 달러로 시작해 20억 달러의 자산을 일군 인물로, 말 그대로 주택을 소유하지 않고 호텔 등에서만 지낸다. '좌파 재벌', '무소유 억만장자'와 같은 수식어가 따라붙는다.

"옥스퍼드 유니언 회장 때 그를 강연에 초청했어요. 니콜라스 눈에는 동양인이 옥스퍼드 회장을 하는 게 신기했던 거예요. 그 뒤로 친해졌어요. 졸업을 1년 앞둔 시점, 니콜라스가 '한국에 가려는데 한국 창업가들을 만나고 싶다'고 했어요. 대학 인맥을 총동원해 이재웅 님과 김정주 님을 소개했죠. 그렇게 두 분과도 친분이 생겼어요. 본래는 '기업가는 자신의 이윤만 극대화하려는 멋없는 자본가'라고만 생각했었어요."

이재웅 다음 창업가는 창업은 사회 문제를 해결하기 위한 수단이라면서, 사회적 기업과 미디어 기업 창업을 통해 세상을 바꿀 수 있다고 조언했다. 사업이 세상의 문제나 부조리를 푸는 도구라는 점을 각인한 것. 이재웅 다음 창업가는 이승윤의 창업 때 실제로 돈을 투자하기도 했다.

김정주 넥슨 창업가는 보다 직설적이었다. 이승윤은 김정주 넥슨 창업가에게 '당장 창업은 무섭고 일단 취직은 어떨까요?'라는 이메일을 보냈는데, 답장의 메시지는 심플했다.

"첫 직장이 인생을 많이 결정해주는데 말이야. 취업은 다리를 건

너거나(돌아오기 아주 어려운), 잘못해서 절벽에서 뛰어내리는 경우
(많은 경우가 그렇지만 너는 아닌 듯)가 많거든. (취업은) 너에게 제트
기를 타고 우주를 가는 일이 아닐지라도, 적어도 헬리콥터를 타
고 호수를 건너는 일이지. 문제는 돌아올 수 있는 길이 거의 없다
는 것이고."

* * *

크라우드 펀딩 저널리즘이란 혁신,
하지만 혁신이 곧 돈은 아니었다

이상하게도 회사는 창업박람회장에서 들었던 트위터의 창시자 잭 도시Jack
Dorsey의 기조연설처럼 굴러가지 않는다. -벤 호로위츠[4]

실리콘밸리의 유명 투자자 벤 호로위츠Ben Horowitz는 창업가들에게
"스티브 잡스Steve Jobs나 마크 저커버그Mark Zuckerberg 등과 같은 위대한
기업가 역시 악전고투를 겪었으며 그런 상황에서 그들은 실로 고군분
투했다. 그러니 안심하라. 당신만 그런 게 아니다"라고 말한다.[5]

군이 창업뿐이겠는가, 삶이 그렇다. 삶은 악전고투다. 내 마음도 내
마음대로 안 되는데, 어떻게 수십만 명의 고객을 내 마음대로 움직일 수
있겠는가. 경악할 만한 신기술이 내일 나올 수도 있고, 오류 하나 때문

에 전체 시스템이 무너질 수도 있다. 아무리 좋은 PT(프레젠테이션, 투자자들을 설득하기 위한 발표)도 투자자들이 무능해 가치를 몰라보고 심드렁하다면 그만이다.

창업을 결심한 이승윤은 친분이 있던 다니엘 튜더Daniel Tudor 기자와 아이디어를 주고받았다. 다니엘 튜더는 영국 이코노미스트의 한국 특파원을 역임했고 수제 맥주 브랜드 더부스를 공동창업하기도 했다.

튜더의 책을 읽은 이승윤이 다짜고짜 이메일로 '팬이다. 만나고 싶다'고 보낸 친분이 생겼다. 튜더와 이승윤은 크라우드 펀딩(투자자가 아닌 일반 대중에게 콘텐츠나 제품 제작비를 모집하는 일)을 통한 저널리즘 스타트업을 창업했다. 이재웅 다음 창업가는 아이디어의 빌드 업을 도왔고 첫 번째 투자자가 됐다. 2014년 창업한 바이라인Byline이다.

"아이디어를 고민할 때 여행 비즈니스도 후보였어요. 지금의 에어비앤비와 클룩 같은 비즈니스를 합친 거였죠. 재웅 님이 '사업을 하나 고르면 7년은 해야 하는데 좋아하는 일을 해야 한다. 비전이나 모티베이션이 없으면 버틸 수가 없다'는 거예요. 그래서 저널리즘을 골랐죠. 저와 튜더가 저널리즘에 관심 많았고 둘이 '이렇게 저널리즘을 바꿔보자'는 비전이 있었거든요. 철학, 정치, 역사를 전공했고 공적 영역에 관심 많았어요. 글 하나로 세상을 바꾸는 일. 너무 멋있잖아요. 실제 영국에서 기자를 할까도 진지하게 고민했고요."

2014년 창업을 결정하고 무작정 샌프란시스코에 갔다. '창업은 역시 실리콘밸리에서!'라는 마인드였는데 월세가 너무 비쌌다. 월세 200만 원인 방을 찾고는 잭팟인 줄 알고 가봤더니, 샌프란시스코에서 총기 사건이 가장 많이 발생하는 동네인 텐더로인에 위치하고 있었다.

> "길거리를 걷다가 피 흘리는 사람도 여럿 봤죠. 너무 힘들어서 런던으로 돌아왔어요. 그때 미국에서 니콜라스와 김정주 님에게 피칭pitching(투자자에게 회사의 잠재력을 설명하는 것)했어요. 니콜라스가 김정주 님에게 투자할 거냐고 묻더군요. 그랬더니 김정주 대표님이 '안 할 겁니다. 망할 것 같아요'라는 거예요. 사업의 길에 떠민 정주 님을 원망했죠. 사업은 냉정하구나. 니콜라스는 투자했어요. '저널리즘이 망가졌고 누군가는 이걸 고쳐야 하기 때문에 투자하겠다'고요. 정말 제 비즈니스가 잘될 것 같아서 했는지는 모르겠어요."

바이라인은 다수의 지지자에게서 크라우드 펀딩 방식으로 자금을 모으고 개인화된 신문을 만드는 저널리즘의 신규 방식이다. 당시 바이라인은 언론 재벌 루퍼트 머독Rupert Murdoch의 뉴스인터내셔널 전화 도청 사건 기사를 다루며 사건의 주요 인물인 영국 언론인 리베카 브룩스Rebekah Brooks와 관련한 기사를 썼다. 브룩스 변호인 측으로부터 기사 삭제 압박을 받기도 했다. 하지만 바이라인은 실패했다. 혁신적인 저널리즘의 신규 방식을 제시한 것은 맞지만, 지속가능한 물적 토대를 찾지 못했다. 바이라인은 스케일업(사업 규모를 키우는 것) 하지 못했다.

"돈을 벌 수 없었죠. 니치한 마켓(틈새시장)을 공략해 1명의 기자가 1,000명의 유료 구독자를 모으면 사업성이 있지 않을까 생각했어요. 이상은 좋았는데 돈이 안 들어오는 거예요. 요즘은 프리랜서 기자들이 뉴스레터를 쓰고, 서브스택substack 같은 플랫폼도 나와 가능성이 보이지만 그때는 정말 힘들었거든요. 너무 힘들어서 이재웅 님에게 여러 번 메일을 보냈어요. 그랬더니 '아이디어는 남에게 조언받고 베껴서 얻는 게 아니다. 혁신은 너 자신만이 하는 것이다. 자문 쇼핑을 다니지 말라'는 답이 오더군요. 역시 사업은 냉정하구나."

패닉 상태에 빠진 이승윤은 다니엘의 옛 동료인 이코노미스트 부편집장을 만났고 '돈을 벌려면 저널리즘 말고 소설로 크라우드 펀딩을 받으라'는 조언을 들었다.

"그분의 딸이 하루 종일 웹소설인지 뭔지를 본다는 거예요. 이게 저널리즘보다 더 낫지 않겠느냐고요. 그래서 웹소설 왓패드wattpad에 들어가봤어요. 신세계예요. 아, 이거라면 돈은 벌 수 있겠다. 피벗pivot(변화에 맞춰 제품이나 전략을 재빠르게 바꾸는 것)에 착수했죠."

. . .

호모 픽토르, 상상력의 세계를 피칭해 20억 원 투자 유치

이승윤은 왓패드의 작가들에게 메일을 보냈다. 왓패드는 작가들이 웹소설을 올리고 무료로 독자들이 보는 사이트다. 무료라는 지점에서 웹소설 작가들의 페인 포인트를 본 것이다.

> "'소설 써도 돈 못 벌지 않느냐. 유료 웹소설 플랫폼을 만들 건데 들어올래?'라고 했더니 200명이 금방 지원 의사를 밝혔어요. 래디쉬 앱도 안 만든 상태에서 피벗을 선언한 셈이죠. 그리고는 영국 ITV 회장이자 엔터 업계 대부 피터 바잘제트Peter Bazalgette에게 래디쉬 모델을 처음 피칭했어요. 찰스 디킨스가 150년 전에 책을 챕터별로 팔았던 이야기를 했어요. 당시에도 책은 비쌌고 중산층의 사치재에 가까웠거든요. 대중들도 재밌는 이야기를 원했는데 그들을 위해 책 한 권을 챕터별 연재 방식으로 1페니에 판 거죠. 래디쉬도 모바일에서 페니 소설을 팔겠다고 설득했어요."

피터 경은 투자를 결정했을 뿐만 아니라, 투자사 2곳을 더 소개했다. 머릿속에만 있는 사업 모델인데도 피터 경이 선뜻 투자 결정을 한 데는 여전히 이승윤이 옥스퍼드 유니언 회장 출신이라는 점이 한몫했다는 것은 쉽게 추정할 수 있다. 하지만 포인트는 상상력에 형상을 입힌 호모 픽토르의 능력이다. 찰스 디킨스의 1페니 소설이라는 과거의 사실로 아직 출발하지도 않은 스마트폰 웹소설에 구체적인 색깔을 입힌 것이다. 이승윤은 2016년 실리콘밸리에서 래디쉬를 출시했다.

• • •

어느날 눈 떠보니 유명해졌다? 그런 일은 없다

투자자인 피터 경의 조언은 "엔터테인먼트는 한 방이다. 크게 뜨는 작품이 있어야 하고 그때까지 잘 버텨보라"는 것이었다. 하지만 래디쉬가 제대로 된 성공작을 내놓는 데는 거의 3년이 걸렸다.

"늑대인간 소설인 《Tom Between Alphas》가 래디쉬의 첫 히트작이었으니 거의 3년 정도 걸렸네요. 처음 1년 반에서 2년 정도는 피벗을 위한 팀 세팅에 공을 들였어요. 수 존슨Sue Johnson ABCAmerican Broadcasting Company(월트 디즈니 컴퍼니가 소유한 미국 민영방송사) 부사장, 카카오페이지 C레벨(회사의 부문별 최고 임원)들도 데려왔고요. 2018년 상반기 '이 정도면 올스타'라는 확신이 섰죠. 그런데 돈이 부족했어요. 팀을 잘 만들면 투자가 들어올 줄 알았는데, 투자가 안 들어오더군요. 10개월 동안 26개 전환사채 돌려 막기를 했어요. 개인 빚 한도까지 차서 나중에는 팀원이 돈을 빌려줬죠. 15년 지기 친구인데 지금도 래디쉬에서 일해요. 그 친구가 사채업자에게 2억 원을 빌려서 줬죠. 3주 뒤에 2억 8,000만 원이 되어 있더군요. 겨우 투자받아서 그 돈을 막았어요. 지금도 미국 사채업자들에게 문자가 와요. '헤이 승윤, 돈 필요하지 않느냐'면서요."

상상력을 하나의 형상으로 만들어내는 건 어느 날 뚝딱 가능한 일이 아니다. '디테일'이라고도 하고 '농업적 근면성'이라고도 한다. 이 작업의 요지는 세세한 하나하나를 챙기고 연결해 눈에 보이는 형태로 만드는 지난한 작업을 완결 짓는 것이다. 이승윤은 "그때 바닥이란 걸 알았다"고 했다.

"그동안 너무 쉽게 좋은 사람들을 만나 사업이 풀려서 벌을 내리나 보다, 라는 생각도 했죠. 빚은 산더미고 일주일 단위로 사채를 돌려 막고 팀원들은 지쳐갔죠. 당시 취업을 택한 대학 친구들은 모두 잘나가고 있었거든요. 상대적 박탈감까지 들고 원형탈모도 생겼어요."

첫 번째 히트작은 요행으로 탄생한 것이 아니다. 철저하게 팀플레이를 통해, 성공의 경우의 수를 모두 확인하고서야 얻은 수확이다.

"첫 히트작《Tom Between Alphas》는 상당 부분 저희가 만든 거예요. 래디쉬는 할리우드 영화나 TV 드라마처럼 '집단 창작 체제', 그러니까 한 소설을 위한 팀을 구성하고 하루에도 4~5편을 찍어낼 수 있는 양산 체계예요. 일종의 웹소설 프로덕션인 셈이죠. 한 소설에만 팀원이 5명 이상 붙어요. 줄거리만 짜는 PD, 메인 집필 작가, 보조 작가, 요약만 쓰는 작가 이렇게 역할을 세분화하죠. PD는 챕터의 핵심 내용 3~4줄을 쓰고 메인 작가가 살을 붙이고 보조 작가가 대화 디테일을 손보는 방식이에요. 미국 할리우드 프로덕션이 쓰는 방식이고 ABC 부사장 출신인 수 존슨이 이 문화를 래디쉬에 이식했어요."

웹소설의 장점은 기발한 캐릭터와 전개지만 한계도 분명했다. 래디쉬가 이를 넘어서는 방식을 찾은 것이다. 웹소설은 대부분 아마추어 작가들이 시작한다. 아쉽게도 상당수는 플롯을 끌고 갈 힘과 체력이 부족하다. 전업 작가가 아니기 때문이다. 그렇다 보니 아이디어의 고갈이나 한계에 부닥치면, '내일부터 휴가야, 방학이야'라는 식으로 휴재하기 일쑤다. 래디쉬는 그런 작가들에게서 플롯을 사와, 양산형 소설을 만드는 방식이다. 일주일에 한 편 나오기도 버겁던 웹소설이 하루 3회 나오는 것이다. 수익 모델은 기다리면 무료지만 일찍 읽고 싶다면 200~300원씩 받는 방식이다. 찰스 디킨스의 1페니를 구현한 순간이다.

"이 아이디어는 카카오페이지에서 영감을 얻었어요. 카카오페이지 웹소설 '달빛조각사'가 일일연재해서 사람들을 확 끌어모으는 방식으로 성공한 거예요. 웹소설의 핵심은 콘텐츠 공급 속도에 있다는 걸 알았죠. 카카오페이지의 연재 방식, 할리우드의 스피디한 탑다운 제작 시스템을 보면서 이걸 래디쉬에 이식시켜야겠다고 생각했어요. 첫 히트작인 늑대인간 소설도 원래 경쟁사 왓패드 연재 소설이었어요. 2019년 투자 유치도 성공했고 팀도 다 갖춰졌어요. 돈이나 남을 탓할 수 없으니 200% 해보자고 달려들었죠. 아무리 전략, 제품, 기획이 다 있어도 결국 CEO가 움직여야 모든 박자가 맞더군요."

온종일 데이터를 들여다봤고 또 경쟁 플랫폼에서 눈을 떼지 않았다. 데이터를 보니 늑대인간 소재의 소설 반응이 좋았다. 왓패드에서 소설을 쓰는 아마추어 작가에게 소설 지적재산권IP, Intellectual Property을 팔라고 제안했다. 그리고 처음부터 소설을 다시 쓴 것이다. 시작부터 강렬하게, 모바일과 웹소설 트렌드를 저격한 것이다. 6개월 만에 2,000편 챕터, 하루에 5챕터 이상을 썼다. 이 작품의 성공으로 래디쉬라는 구체적인 형상이 또렷해졌다.

콘텐츠 스타트업은 1% 찾기 경쟁

가장 힙한 웹소설의 상상력이 결국은 가장 올드한 ABC방송사의 방식을 따라 실존하는 비즈니스로 안착한 대목은 아이러니다.

"많은 테크 창업가가 플랫폼을 외치면서 매몰돼요. 콘텐츠 플랫폼의 핵심은 퀄리티 콘텐츠를 만드는 거예요. 넷플릭스가 정말 테크로만 성장했을까요? 넷플릭스는 데이터로 시청자의 취향을 세밀하게 파악한 다음, 넷플릭스 오리지널이라는 퀄리티 콘텐츠를 만든 회사예요. 넷플릭스가 성장한 배경에는 데이터 기반 제작 스튜디오 기능이 있었다고 봐요. 래디쉬도 마찬가지죠. 탑다운 방식으로 '이걸 만들어야 해'라고 밀고 나가는 구조죠. 콘텐츠의 99%는 돈 못 벌어요. 단 1%만이 돈을 벌더군요. 1%에만 최대한 리소스를 집중하는 제작은 오히려 이 방식이 적합해요."

그리고 1%의 가능성을 찾는데 테크놀로지가 등장했다.

"데이터, 그리고 할리우드의 제작 방식을 응용했죠. 미드를 보면 파일럿, 시즌 1이 성공하면 쭉 달려가잖아요. 초반 10개 대사, 처음 10초에 승부를 보려고 해요. 로맨스 소설은 처음부터 키스신,

추리 소설은 처음부터 살인 장면이 나오는 것이죠. 제목, 표지, 챕터 모든 것을 AB 테스트 해요. 그리고 독자 반응을 보죠. 처음 10회 독자 반응이 오면 수많은 작가가 그 소설에만 달라붙어요. 그리고 1,000회까지 쭉 달리는 것이죠."

AB 테스트는 이용자에게 복수의 선택지를 주고 선호받는 콘텐츠를 검증하는 것이다. 이후 선택받은 A나 B를 최종 콘텐츠로 정하는 방식이다.

• • •

상상력의 가치는 현재 5,000억 원, 곧 수조 원

래디쉬는 카카오에 2021년 5,000억 원에 매각됐다. 상상력을 구체화한 가격치곤 엄청난 금액이다. 2020년 매출액이 230억 원이었던 점을 감안한다면 더 그렇다. 이승윤은 래디쉬의 대표에서 카카오의 콘텐츠 전략 담당 임원이 됐다. 하는 일이 더 커졌다.

"지금 래디쉬가 만드는 가치는 5,000억 원이지만 앞으로는 수조 원이 될 겁니다. 소설이 모든 콘텐츠의 원천이니까요. 그 잠재력을 반영한 밸류value(기업 가치)죠. 요새는 웹툰만 하더라도 원작에 얼마나 충실했는가를 독자들이 따져요. 하지만 소설은 그보다 상상력이 훨씬 풍부하게 작용하는 콘텐츠의 기본 소스죠. 반지의 제왕, 왕좌의 게임, 해리포터. 모두 소설 기반의 콘텐츠예요. 래디쉬에 올라오는 콘텐츠의 IP는 100% 회사가 소유하고 있어요.

잘 짜여진 스토리가 영화, 드라마, 게임으로 나왔을 때 올릴 수익은 지금과 차원이 다를 거예요. 중국 텐센트는 2015년 샨다문학이라는 웹소설 플랫폼을 9,000억 원에 인수했어요. 이 기업 가치는 12조 원이 넘어요. 텐센트의 히트 콘텐츠가 이곳의 소설에 기반하거든요."

그렇게 자신이 있다면 매각이란 엑시트 카드 말고 스타트업 래디쉬로서 끝까지 밀고 가야 하지 않을까. 카카오와 손을 잡고, 상상력을 손에 잡히게 만들고 더 크게 만들고 싶은 게 그의 꿈이다.

"래디쉬의 콘텐츠 IP를 빨리 다양한 분야에서 활용하기 위해서요. 글로벌 엔터테인먼트 시장이 빠르게 변하고 있거든요. IP가 빠르게 영화, 드라마, 게임으로 제작되기 위해서는 누군가와 손을 잡아야 했어요. 그게 카카오고 힘을 합쳐서 빨리 전선을 넓혀야 해요. 웹소설 회사를 넘어 종합 엔터테인먼트 회사가 되고 싶거든요. 사업의 핵심은 타이밍과 스피드고 지금이 그 타이밍이에요. 카카오의 안으로 들어왔으니, 한국에서 성공한 웹소설을 미국 시장에 론칭, 미국에서 성공한 웹소설을 한국 시장에 가져와 보려고 해요. 예컨대 카카오 엔터의 웹소설 《김비서가 왜 그럴까》를 번역해 래디쉬에서 선보이고 래디쉬 히트 소설을 북미에서 웹툰화하는 작업을 고민하고 있어요."

세계 웹소설 패권은 한국 기업 간 대결이다. 2021년 네이버가 캐나다의 웹소설 플랫폼 '왓패드'를 인수했기 때문이다. 인수 금액은 6억 달러다. 왓패드는 MAU 9,400만 명이 이용하는 세계 최대 웹소설 플랫폼이다. 왓패드에서 소설을 쓰는 창작자만 570만 명, 창작물은 10억 개 이상이다. 반면 카카오에 팔린 래디쉬는 MAU가 100만 명에 불과하다. 웹소설 숫자도 1만 개다. 단순 숫자 비교로는 네이버와 왓패드 진영의 압도적인 우위다.

"왓패드는 유튜브, 래디쉬는 넷플릭스라고 보면 돼요. 왓패드는 아마추어 작가들이 자유롭게 글을 올리는 플랫폼이고, 래디쉬는 직접 제작 인력을 들여 양질의 콘텐츠를 만들죠. MAU는 왓패드가 9,000만, 래디쉬가 100만이지만 왓패드는 저작권이 각각의 작가에게 있고, 래디쉬는 1만 개의 소설 IP를 소유하죠.
어느 회사의 전략이 성공할까요. 유튜브는 영상이라 통했다고 생각해요. 유튜브 수익은 광고에서 나고, 영상은 광고를 넣기 좋거든요. 그런데 텍스트에는 영상처럼 광고하기 힘들어요. 그래서 웹소설 플랫폼만으로는 한계가 있다고 생각했어요. 소설로 돈을

벌려면 소설 IP를 활용하는 비즈니스를 해야 하고 프로덕션 전략
을 택했죠."

• • •

스타트업의 성공은 300일에 결판난다

수천억 원의 엑시트에 성공한 창업가는 어떤 기분일까. 이승윤은 "인간
이 참 간사하더라고요. 안 좋은 기억들은 다 지워지고 아름답고 잘한 일
들만 주변에 이야기하게 돼요. 그 아픈 기억들도 내 스토리인데요."라
고 말한다. 미화된 성공 스토리는 정작 본인의 마음까지도 착각에 빠지
게 한다고. 지금도 때때로 실리콘밸리의 사채업자가 "돈 쓸 일 있으면
연락하라"고 문자를 보내온다. 실리콘밸리의 사채업자에게 그는 꼬박
꼬박 이자와 원금을 잘 갚은 좋은 빚쟁이였다. 그의 멘토인 이재웅 다음
창업가도 이승윤의 엑시트에 대해 '(래디쉬는) 지난 7년여 만에 모든 스
타트업이 20년 동안 겪을 문제를 압축적으로 경험했다'고 했다. 다른 멘
토인 억만장자 니콜라스 베르그루엔도 '승윤, 널 믿었다'고 문자를 보
내왔다고 한다.

　"실리콘밸리에서는 이런 말이 있대요. '스타트업의 성공은 300일
　에 결판난다'고요. 벼락 성장을 한다는 의미보다는, 300일 동안

별별 일을 다 경험한다는 뜻이에요. 그런데 저희는 그 기간이 거의 2,000일을 갔어요. 정성적으로는 성장했는데, 정량적으로 데이터가 안 나올 때 정말 힘들었죠. 분명 콘텐츠 퀄리티도 좋아지고 있고, 팀도 좋았어요. 그런데 이용자가 늘지 않고 매출도 제자리고. 이 상태가 몇백 일간 유지되었죠. '존버'가 제일 고통스러운 작업이에요."

불투명한 미래를 바라보며 빚더미에 앉은 채로 스타트업을 이끌어가야 했던 이승윤은 어떻게 그 시기를 버틸 수 있었을까. 이승윤은 그 2,000일의 기간 동안 얻은 것도 분명히 있었다고 말한다.

"얻은 것이요? 매일 꿈을 꿀 수 있어서 즐거웠죠. 밤에 누워서도 내일은 무슨 소설을 만들지 생각했어요. 언제 망할지 몰라서 매순간 쫄깃했고요. 어떤 하나를 아주 뾰족하고 디테일하게 파고드는 법을 배웠죠. 옥스퍼드에서는 정치, 철학, 예술을 좋아하고 거창한 이야기를 했죠. 사업은 다르더군요. 시장은 광활하고 어느 작은 하나에 집중하고 디테일까지 다 챙겨야 성공할 수 있어요. 인생에서 좁고 깊게 파고드는 경험이었죠. 한 번쯤 해볼 만한, 전인적全人的인 경험이었어요. 그런데 이런 단어, 이젠 잘 안 쓰지 않나요?"

전인적이란 표현을 쓰는 사람은 오랜만이다. 잊고 있었다. 이승윤은
여전히 삶의 의미를 고심하는 천생 철학도였다.

03

한국신용데이터:
태풍에 하늘을 나는 돼지,
그 치열함과 디테일

태풍의 길목에 서면 돼지도 날 수 있다.
샤오미 창업가 레이쥔

스티브 잡스를 동경한 청년인 레이쥔Lei Jun은 마흔 살에 샤오미를 창업했다. '사람은 꿈을 꾸기에 위대하다'는 레이쥔의 창업 철학은 숱한 사람이 왜 다소 미숙하고 모자란 스타트업을 동경하고 응원하는지를 설명하는 이유일지도 모른다. 그들은 꿈을 꾸기 때문이다.

다만 레이쥔 창업가의 말을 오해해서는 안된다. 요행이 스타트업의 성공을 보장하지는 않는다. 아무나 태풍의 길목을 찾는 것이 아니며, 우연히 그 길목에 섰다고 누구나 성공하지도 않는다. 태풍의 기적은 끊임없이 바람의 변화에 눈과 귀를 열어둔 소수만 느낀다. 하늘을 날겠다는 대범한 한 수와 탄탄한 실력도 필요하다. 알리바바의 마윈馬雲 창업가는

"태풍을 타는 건 엄청난 기회지만, 돼지가 바람에 난다고 해서 날개가 자라는 것은 아니며, 그 바람이 지나고 나면 수많은 돼지가 떨어져 죽는다"며 냉혹한 사실을 지적했다.

지금이 빅데이터의 시대임은 누구나 안다. 구글에서 2시간만 검색하면 고개를 끄덕인다. 오지 않을 수 없는, 거대한 변화다. 김동호 창업가는 철저하게 의도적으로, 계산적으로, 계획적으로 빅데이터의 길목을 찾았다. 누구는 알고리즘과 코딩에만 매몰되고 누구는 데이터 주권이란 형이상학을 주장할 때, 오직 태풍의 냄새와 기척에 눈과 귀를 열었다. 80만 자영업자의 빅데이터 스타트업, 그 길목에 섰고 바람을 탔다. 저절로 돋지 않는 날개를 달기 위해 김동호 창업가는 치열하고 심각하게 고민한다.

한국신용데이터
김동호

• • •

1987년생. 카이스트 부설 한국과학영
재학교 1기 출신인 김동호 창업가는 "1
기라서 재밌는 친구들이 많았다"고 말
한다. 연세대 산업공학과를 나왔다. 20
대 청년이었던 2011년에 오픈서베이
를, 2016년에는 한국신용데이터를 창
업했다. 20대에 연쇄 창업가의 반열에
오른 것이다. 두 번 모두 성공에 가깝
다. 아이폰의 혁신을 본 20대 청년은
시대의 태풍 길목을 찾기 위해 고심했
다. 모바일 설문 조사, 그게 오픈서베이
창업이다. 그리곤 바람의 냄새가 바뀌
었다. 데이터였다. 데이터 혁신의 태풍
길목 찾기는 만만치 않은 일이었다. 조
건은 누구나 필요한데도, 그리고 엄청
난 데이터가 집결할 지점인데도 아직
아무도 시작하지 않은 창업 아이템. 그
는 자영업자를 봤다.

80만 자영업자의 빅텐트를 친 데이터의 마술

한국신용데이터라는 사명은 전혀 스타트업 같지 않다. 갓 생긴 역동적인 스타트업 혁신 이미지는 제로다. 오히려 30년 이상 된 공기업의 냄새가 물씬 나는 이름이다. 요즘은 본 투 글로벌(창업 때부터 해외시장을 노리는 스타트업)이라는데 한국신용데이터에는 그런 뉘앙스조차 없다. 하지만 일부러 택한 이름이다. 창업의 첫 단추부터 전략적 판단이다. 고객을 위한 작명이라는 것이다.

"애초에 노린 대목입니다. 자영업 사장님한테 데이터를 제공하는 서비스를 준비하니, 고객을 위한 사명을 고민했습니다. 우리는 소상공인 사장님이 가장 중요하게 생각하는 영업과 거래 정보 데이터를 제공받아, 재가공해 의미 있는 데이터로 되돌리는 비즈니스입니다. 사장님들 입장에서 이렇게 중요한 데이터를 아무에게나 선뜻 줄 리 없죠. 회사 이름과 서비스 이름부터 인식이 성립된다고 봤어요. 스타트업스러운 이름, 영어가 많이 들어간 이름으로 다가갔을 때, 사장님들 입장에선 '이 친구들이 진중하게 우리 데이터를 처리해줄까'라는 의문을 품지 않을까요. 적어도 이름에서부터 신뢰를 얻으려는 노력을 해보자는 접근이었습니다.

2016년 4월 법인 설립 준비할 때 동업하는 이성호 씨와 함께 키워드를 뽑았습니다. 한국, 신용, 기술, 정보, 데이터 등 주요 키워드를 뽑고 수십 개의 조합을 맞췄죠. 이미 회사명이 있으면 안 되니 상표권 검색, 대법원 등기 상호 검색해 가면서요. 사명 후보가 출원도 안 되어있고 말소된 등기도 없었던 이름이 한국신용데이터입니다. 본래 신용으로 할지 크레딧Credit(신용)으로 할지, 고민했어요. 한국크레딧데이터, 이것도 사장님들이 이해 못 할 단어는 없고 크레딧데이터라면 좀 더 세련된 느낌도 있긴 하겠지만, 여전히 사장님들이 '크레딧'하면 '그거 뭐야' 할 수도 있지 않나 싶기도 했어요. 솔직히 이게 등록이 안 되어 있었으면 한국크레딧데이터가 됐을지도 모르지만요.

한국을 사명에 넣은 건, 결국은 한국에서 대표적인 사업자가 되겠다는 차원에서 그랬어요. 언젠가 해외에 나갈 수도 있고 그때는 (사명에 들어간) 한국이 어색할지도 모르지만. 사장님에게 신뢰받는 포지션, 한국에서 제일 잘하는 기업이 되겠다는 포부였습니다. 한국신용데이터를 창업했더니, 링크드인Linkedin(글로벌 최대 구인 포털)으로 지인에게서 '이직하셨네요'라는 질문을 두 번 받았어요. '김동호가 오픈서베이하다가 한국신용데이터로 갔나보다' 하고요. 누가 봐도 한국신용데이터는 신설 회사는 아니고 연식이 좀 된 것으로 보여지니까, 오픈서베이 창업가가 갑자기 어디 공기업 대표로 옮겼나 했나 봐요.

참, 회사 이름은 한국신용데이터인데, 서비스명은 캐시노트예요.

회사명은 신뢰를 얻어야 하니 무거워야 해요. 하지만 서비스는요? 사실 캐시노트를 개발할 때 서비스명은 없었어요. 론칭 몇 주 전쯤 동업자들과 밤 11시에 사무실에 앉아 이름을 정하자고 했죠. 현금, 캐시, 장부, 노트 등 여러 키워드를 조합해 보았는데요. 이유는 2가지예요. 캐시는 사장님이 현금인 걸 다 알고, 노트는 초등학생도 아는 단어라는 거죠. 캐시북, 머니노트, 머니북 등등. 캐시노트가 입에 붙고 어감도 좋다고 그날 정했어요."

• • •

론칭 준비 끝냈는데 불쑥 마주한 현실,
영업으로는 고객 확보 불가능했다

한국신용데이터는 캐시노트라는 자영업자 전용 서비스를 하는 곳이다. 서비스 론칭은 2017년 4월. 시작하자마자 이용 고객(가맹점)이 급증했고 현재는 80만 사업장에서 쓴다. 국내에 한 달에 한 번 이상 카드 결제가 발생하는 자영업 숫자는 대략 170만~180만 곳이다. 한국의 자영업자 절반 정도가 캐시노트의 가맹점인 셈이다. 업종을 쪼개면 캐시노트의 시장 점유율은 훨씬 막강한 숫자임을 알 수 있다. 자영업 가운데도 음식점이나 미용실처럼 길을 가다가 들어가서 이용하는 업종을 주로 생활 밀접 업종이라고 하는데, 생활 밀접 업종에서는 벌써 70% 안팎이 캐시노트의 가맹점이다. 조만간 가맹점 수 100만을 돌파한다. 어느 음식점에 들어가서 밥을 먹든, 어느 앱을 통해 음식 배달을 시키든, 그 데이터는 가맹점을 통해 한국신용데이터에 모이는 것이다.

여태껏 자영업자 가맹점 확보에 이만큼 성공한 곳이 없었다. 신용카드사를 제외하면 이례적인 침투율이다. 그만큼 침투가 어려운 시장이란 뜻이기도 하다. 캐시노트와 같은 서비스는 일반 소비자가 자장면 주문하려고 배민이나 쿠팡이츠를 다운로드하는 것과는 다르다. 일반 소비자는 한 번 쓰고 마음에 안 들면 지우면 그만이다. 하지만 자영업자에게 영업 데이터를 맡기는 판단은 본인의 생계와도 연결된 문제다. 한국신용데이터는 론칭 3~4개월 만에 자영업자 고객 1만 명을 확보했다. 이바닥을 아는 이의 눈에는 기적이 벌어진 것이다. 기적 같은 결과와 다르게 김동호는 2017년 서비스 개시 직전, 냉정한 현실을 마주했었다. 현장고객 영업으로는 가맹점 확보가 사실상 불가능하다는 현실 말이다.

"베타 서비스를 내고는 시장 반응을 보려고 선릉역 주변의 먹자골목을 돌아다녔는데 결론은 '이렇게는 안되겠다'였어요. 사장님들이 한가하게 우리 세일즈 피칭을 들을 시간이 없더라고요. 사장님들은 아침 출근하자마자 점심 준비하고 점심 때는 정신없고 오후에 잠깐 쉬었다가 다시 저녁 영업을 준비해요. 아니면 직원에게 맡기고 퇴근하고요. 우리 영업 직원이 가게에 간다고 사장님을 반드시 만난다는 보장도 없고, 만나도 우리와 의미 있는 대화를 나눌 여유가 없더라고요. 게다가 그 여유 시간은 오후 3시 이후에 30분 정도 나는데, 문제는 선릉역의 모든 식당 사장님이 모두 똑같다는 거예요. 결국 우리 영업사원이 하루에 설명할 수 있는 곳은 최대 2곳밖에 안돼요. 어떻게 하지? 영업사원이 아무리 설득력이 높다 해도 10만 명의 사장님을 만나야 1만 명을 쓰게 할 텐데요. 3개월 1만 곳 하려면 하루에 1,500명을 만나야 해요. 직원 수 750명이 필요한 셈이죠. 이런 식으로 영업하면 안되겠다는 생각을 했죠. 돈이 정말 많았으면 그렇게 해봤을 텐데, 영업 직원 100명 뽑을 수도 없고, 우리가 발로 뛴다고 해도 많이 못 만나니까요. 이런 상황이면 직접 안 만나고, 사장님에게 피칭할 수 있는 방법을 찾자, 그리고 사장님들이 주위 사장님에게 추천하게 만들자는 마케팅을 했어요."

시작도 하기 전에 영업 전략의 변경이 불가피했던 것이다. 스타트업 창업가 가운데 개발자 출신이 꽤 많은데, 랩(연구소)에만 파묻혀 있다가는 자칫 론칭하고 한 달간 고객 수 제로와 같은 최악의 상황을 맞이할 수도 있다. '이렇게 좋은 서비스를 만들었는데 시장이 알아봐주지 않았다'는 평계는 현장에 한 번도 제대로 안 가봤다는 뜻일지도 모른다. 좋은 서비스를 만들었다고 고객이 알아서 찾아오지는 않는다. 타깃 고객의 행동 패턴을 정확하게 파악하는 것이 중요하다. 그렇다고 아주 큰 전략 선회나 탁월한 아이디어가 드라마틱한 성공을 이끌지도 않는다. 누구나 알 법한 전략이지만, 그 실행 전략이 디테일할수록 날이 선다.

"론칭했을 때 페이스북 광고를 시작했고 첫날 6,000원을 썼어요. 광고 세팅하고 이미지 올리고요. 6,000만 원이 아니고, 6,000원이요. 간이 작아서 하루에 만 원, 2만 원씩 썼어요. 첫 달에 사용한 마케팅비가 100만 원도 안됐죠. 근데 첫 달 1,000개 가맹점이 들어와서 당시 어안이 벙벙했어요. 왜 이리 빨리 늘지? 가맹점 1만 번까지는 느는 게 너무 재밌으니까, 모든 목록을 하나씩 전부 봤어요. 아, 여기 내가 갔던 식당이다 싶으면, 직접 가서 점심 먹으면서 슬쩍 '실은 우리가 만든 회사'라고 말하는 게 너무 재밌었죠. 어떤 날은 갑자기 2~3시간 사이에 치과 수백 곳이 들어와요. 랜덤으로 가입해 주셔서 감사하다고 전화해서, 가입 경로를 물어봤어요. 치대 동창회 단톡방에 캐시노트가 올라왔다고 해요. 단톡 확산이 가속 부스터가 됐어요. 사장님들도 다들 가게 하는 친구들끼리 단톡방이 있어요. 감사의 말을 전하고 싶어도 누가 올렸는지 몰라서 고맙다는 말도 못했어요. 그렇게 편의점, 한의원 등도 한꺼번에 들어왔죠. 사장님들이 만족하는 뾰족한 서비스를 만드는 것만으로도 단톡 바이럴이 가능하겠다 싶었어요. 여기에 캐시노트는 당시 카톡의 미니앱 같은 형태로 시작했어요. 당시엔 그런 서비스가 별로 없었어요. 단톡 확산과 딱 맞아떨어졌죠."

캐시노트는 카카오가 미니앱이란 기능을 열고, 거의 첫 번째로 진입한 서비스다. 당시에는 미니앱이 거의 없었기에 눈에 띄었다. 사실 카카오에서 본 이용자들은 오히려 '갓 탄생한 스타트업'이라기 보다는 검증된 서비스로 봤을 가능성도 적지 않다. 바이럴도 요행보다는, 나름의 노림수를 묻어둔 이에게 찾아온다.

* * *

데이터 혁신이라는 태풍, 그 길목과 타이밍을 찾는 과정

페인 포인트는 항상 우리 주변에 있다. 뾰족한 비즈니스 모델은 남들이 못 보는 페인 포인트를 찾는 과정이라고 하지만, 사실 페인 포인트 상당수는 본인과 지인의 삶 속에 녹아있다. 3개월 만에 1만 자영업 사장님을 끌어들인 뾰족함, 김동호는 동료의 아내에게서 얻었다. 그의 방식은 단순했다. 우선 빈 벌판을 찾는다. 분명 필요한 서비스인데, 아무도 제공하지 않는 게 빈 벌판이다. 다음에는 빈 벌판에서도 명확한 하나의 지점을 찾는다. 타깃 고객 안으로 들어갈 입구가 될 뾰족한 지점 말이다.

"동료인 안태훈 씨 이야기를 해야 해요. 캐시노트의 PM Project Manager이죠. 오픈서베이 때부터 같이 했으니 벌써 9년째 같이 일하는 동료입니다. 이분 아내가 광화문에서 샌드위치 가게를 했

어요. 이런 분들 대상의 플랫폼을 만들자는 건데 그 페인 포인트를 이해해야 했죠. 인터뷰하면서 자영업자 데이터라는 분야가 대안이 적다는 걸 알았죠. 개인 서비스는 대안이 많아요. 쿠팡이 아니라도 위메프나 티몬이 있고 멜론만 해도 독점 같지만 다른 대안이 있죠. 그런데 자영업자분들이 사업할 때 도움받을 솔루션은 거의 전무해요. 상대적으로 빈 벌판이었죠. 2016년 회사 설립할 때는 거의 모든 소비자가 스마트폰을 썼고, 그래서 스타트업들이 다들 개인 소비자를 타깃으로 도전했는데, 당시에도 이런 자영업자를 대상으로 하려는 곳은 거의 없었어요. 페인 포인트는 있는데 실제 대안도 없고요. 그게 카드 매출 정산 관리였어요.

8개의 신용카드사의 수수료율과 정산 주기는 특약에 따라 달라요. 은행계 카드는 돈을 하루 빨리 주기도 하고요. 사장님들이 오늘 카드 전표를 보면, '오늘 얼마 벌었다'는 알 수 있는데, 내일 계좌로 얼마나 들어올지는 몰라요. 정산 주기가 모두 다르니까요. 내일이나 모레 입금될 금액은 오늘 매출과는 다를 수 있죠. 감으로, '이정도일 것'은 다 알 수 있죠. 하지만 잔고가 넉넉하지 않은데 모레는 부가세를 내거나, 임대료를 지불해야 하는 날일 수도 있고, 알바비를 줘야 할 수도 있어요. 모레 얼마나 입금될지 모르니, 자금 계획을 체계적으로 세우기 어렵죠.

그게 첫 번째 페인 포인트. 현금 사정이 빠듯한, 현금 흐름 관리하는 게 어려운 분들에게 언제 얼마가 입금될지 가시성을 만들어주는 것. 매출도 중요하지만, 못지않게 '나의 인 마이 포켓'이 얼마인지 아는 게 진짜 중요하거든요. 식당뿐만 아니라, 모든 업종에 적용돼요. 외식업, 소매업 등 업종과 무관해요. 카드 매출이 발생하면 음식점이든 미용실이든, 캐시노트에서 그 금액을 보여주는 거죠."

• • •
페인 포인트는 주변에 항상 있었다

"두 번째 페인 포인트가 킬러 피처(꼭 필요한 핵심 기능)예요. 있을 법한 기능인데 정작 없는 겁니다. 사장님들에게 단골 고객을 알려주는 거죠. 가게 매출이 100만 원 발생했는데 신규 고객이 어느 정도이고 기존 고객의 포지션은 어느 정도인지요. 백종원 씨도 '기존 고객 관리'를 강조하죠. 단골이 많아야 안정적인 건 당연한데, 사장님이 가게의 단골은 몇 퍼센트인지 알 방법이 없었어요. 눈대중으로 좀 늘었다는 정도. 사실 신용카드를 분석하면 이 이용자가 이 가게에 처음인지, 1년 동안 두 번, 또는 세 번째 방문했는지 모두 알 수 있어요.
이 데이터를 재가공하면 이번 주는 전 주보다 단골이 10% 늘었다는 식의 정보가 나와요. 데이터만 제대로 분석하면 되는데 막상 이런 접근이 우리가 최초였던 거예요. 잠재적인 시장을 만들어야 한다는 어려움도 있었지만 수용도도 높았고 신선했고요.

지금은 수십 가지 기능이 있어요. 예컨대 부가세 예상 금액도 보여줘요. 자영업자는 부가세를 6개월에 한 번 내는데 늘 생각보다 크게 낸다고 생각해요. 연 매출 2억 원이면 부가세가 반기에 천만 원씩 나옵니다. 갑자기 부가세 통지서가 나오면 '천만 원 내라고?' 하면서 황당해지죠. 이럴 때 '사장님, 두 달 있다가 천만 원 내야 해요'라고 미리 알려주면 불확실성이 감소하죠.

소비자 리뷰도 모아서 보여줘요. 리뷰는 온갖 곳에 다 달려요. 식당은 한 곳이지만, 리뷰는 배민, 쿠팡이츠, 요기요, 네이버 등등에 달리는데 사장님들이 바쁜 와중에 돌아다니면서 읽을 여유가 없어요. 사장님의 동의를 받고 가게 페이지에 신규 리뷰가 달리면 모두 긁어와, 한 곳에서 보여줍니다. '있을 법한 기능'인데 우리가 처음이었죠. 이런 페인 포인트를 찾으려고 하면 끝이 없어요. 비용 통합 관리하는 기능도 있고요. 세금계산서도 예전에는 사장님들이 하루 날을 잡고 국세청 사이트에 가서 4개의 서브 메뉴를 훑고 이메일을 확인하면서 정리하던 일이었어요. 저희는 이걸 대신해 줘요."

하늘을 나는 날개, 직사각형의 마법과 횡적 확장의 잠재력

국민 앱 하면 1,000만 다운로드는 기본인 세상이다. 스마트폰마다 수십 개의 앱을 깔고 다니니, 인기 앱은 다운로드 1,000만 회를 훌쩍 넘긴다. MAU 1,000만 명도 적지 않다. 하지만 자영업자 서비스인 캐시노트는 한국의 모든 자영업자들이 사용한다고 해도 180만 고객을 못 넘을 것이다. 그게 자영업자의 전체 모수니까.

확장 가능성이 적은 건 아닐까. 예컨대 같은 서비스로 이용자를 확대하든가, 같은 이용자에게 추가 서비스를 제공하지 못한다면 기업의 성장은 멈춘다. 직사각형과 같다. 서비스의 영역이 한 변이고, 또 다른 변은 이용자의 숫자다. 한쪽이 막히면 위기의 시작이다. 막상 태풍엔 올라탔지만 추가 동력이 없으면 추락할지도 모를 일이다.

"모토는 '사업의 모든 순간'입니다. 자영업자로서 사업 시작한 첫 순간부터 불가피하게 정리하는 끝까지 모든 순간을 뜻해요. 그 모든 순간에서 힘든 이슈를 캐시노트가 모두 풀어준다는 겁니다. 우린 아직 굉장히 적은 이슈만 해결하고 있어요. 개인사업자도 법인과 똑같이 HR Human Resources(인사), 마케팅, 세금, 근태관리 등의 이슈에 부딪치죠. 자영업자를 위한 모든 순간을 고려하게 되면, 시장 기회는 최소 수십 배 이상 더 늘어납니다.

단적인 예로 연 매출 2억 원이면 식자재를 6,000만 원 정도 구매해요. 컵이랑 리드랑 원두를 사야 하는데 개별로는 구매 규모도 작고 뭘 사려고 해도 선택의 경우의 수도 적어요. 대안이 적죠. 한 가게는 보통 6~7개사에서 공급받는데, 여기도 정보의 비대칭이 크죠.

우리는 데이터 기업입니다. 80만 가맹점이 어떤 품목을 어디서 구매하는지 모두 누적 데이터로 가지고 있어요. 80만 가맹점이 130조 원어치를 구매하고, 160조 원어치를 팔고 있어요. 연간 100조 원 이상의 B2B Business to Business (일반 소비자가 아닌 기업에게 재화를 파는 행위) 시장이 눈앞에 있는데, 발걸음도 못 떼고 있다고 해야 할까요. 당장 데이터를 토대로, 사장님들에게 유리한 구매 제안을 할 수 있죠. 이 영역만 해도 거대해요. 사장님들은 음식이 어디로 배달되는지, 고객이 누구인지 얼굴도 못 봐요. 오직 배달 앱 주소 품목만 떠요. 고객 데이터가 없죠. 굳이 명함 이벤트를 하는 정도로는 풀리지 않는 문제죠. 그런데 신용카드를 보면 2천8백만 명이 오는데, 이중에 누가 고객이고, 누가 더 썼는지 분석 가능해요. 마케팅할 수 있는 인프라를 사장님에게 제공할 수 있어요. 이게 직사각형의 한 축입니다.

또 다른 축도 180만 고객이 끝이 아닙니다. 오프라인이 1차 고객이지만, 다른 형태의 업도 있습니다. 온라인 전자상거래 사업자를 대상으로 캐시노트와 같은 서비스가 있느냐 하면 아직 없습니다. 여기에 자영업자보다는 크지만, 소규모 법인 사업자도 확장 대상입니다. 여전히 ERP Enterprise Resource Planning(전사적자원관리. 경영 활동 전반을 연계 관리하는 프로그램으로 기업의 생산, 물류, 재무, 회계, 영업 등 데이터를 관리·처리해 의사 결정을 돕는 소프트웨어) 도입과 같은 풀지 못하는 문제가 많아요.

한국신용데이터의 확장성은 '비즈니스 오너'라는 키워드에 있습니다. 모토에 '모든 순간'이란 표현을 쓰는 배경에는 우리의 고객은 사장님이라는 마인드가 있는 거죠. 예컨대 기업 고객을 만나도, 재경부장님은 ERP를 쓰지만, 이분께 신규 마케팅 방안을 제안해도 그냥 넘어갑니다. 재경부장님은 마케팅부장이 아니니까 자신의 책임 권한이 아닌 건 별 관심이 없어요. 하지만 비즈니스 오너는 재무에서 매출, 마케팅, 세금 등 모두 자기 일이에요. 80만 명 자영업자는 본인 사업의 모든 결정권을 가진 비즈니스 오너예요. 사장님이 직접 선택해 쓰는 서비스라는 희소성이 바로 확장성의 측면에서 최고의 경쟁력입니다."

● ● ●

창업가의 독, '나는 모른다'는 사실을 아는 법

스타트업의 경영자에게 과신은 독이다. 제품과 서비스 개발에서 마케팅, 조직 관리에 이르기까지 창업가는 초창기부터 모든 일을 관할한다. 다 할 수 있다고 스스로 믿는다. 그러다 매출이 100억 원이 넘고, 직원 수 100명이 넘는다. 동료들이 지금 무슨 고민을 하는지 점점 알기 어려워진다. 노무 관리의 이슈도 터진다. 문제는 창업가들은 과신의 덫에 걸려, "그래도 내가 더 열심히 밤새 일하면 문제를 해결할 수 있어"라고 자신한다는 것이다.

김범수 카카오 의장은 《바이오그래피 매거진 ISSUE. 9 김범수》에서 "회의하다가도 '이건 내가 결정할 사안이 아닌 것 같은데 누가 제일 잘할 수 있지?'라고 물어요. 회의 중에 꼭 의사 결정자가 누구인지를 따져요. 그 말은 곧 제일 높은 사람이 의사 결정자가 아니란 뜻이죠."라고 말했다.[6] 김범수 카카오 창업가는 권한 이임을 가장 잘하는 리더다. 선불리 자회사 CEO의 결정에 관여하지 않는다.

성공하는 길은 하나인데, 망하는 이유는 100가지가 넘는다. 스타트업의 숙명이다. 창업가는 성공하는 하나의 길에 삶을 거는 사람이고 망할지도 모를 100가지 위험을 대비하는 것은 동료들의 몫이다. 그래서 창업가가 '내가 모른다'는 걸 아는 것이 성공과 가까워지는 길이다. 하지만 '내가 할 수 없다'는 걸 인정하는 창업가는 의외로 드물다.

왜 창업가는 '나는 모른다'는 걸 인정하기 쉽지 않을까. 굳이 창업가가 아니라, 대기업의 임원과 팀장, 혹은 정치인, 관료 등 이른바 권위를 등에 업은 이들은 다들 유사할 것이다. '나보다 동료 또는 팀원이 더 옳은 의사결정 판단을 내릴 적임자'라는 걸 인지하는 능력은 창업가뿐만 아니라, 모든 리더의 조건일지도 모른다.

그럼 리더는 무얼 할까. 당연히 리더도 본인이 남들보다 옳은 의사결정을 할 수 있는 하나의 분야를 찾는 것이다. 재무통이면 CFO의 역할, 대외 커뮤니케이션 능력이 높으면 대외 총괄, 역시 개발이 인생의 참맛이라면 연구개발R&D 총괄, 유행의 냄새에 민감하다면 마케팅 총괄이다. 창업가가 항상 CEO일 수도 없고 그럴 필요도 없다. 창업가와 CEO는 동일어가 아니다. 예컨대 구글은 최고 성장기 때 두 명의 창업가가 CEO에서 물러났고, 대외 커뮤니케이션에 탁월했던 에릭 슈미트Eric Schmidt에게 CEO 겸 대외총괄을 맡겼다. 모두가 아는, 구글 경영의 신의 한 수였다.

"직원 수가 10명, 20명일 때 대표의 성과 지표와 50명, 100명 이상일 때 성과 내는 방식이 다르더라고요. 수십 명일 땐 대표가 밤을 새서 뭘 하면 회사에 의미 있는 영향을 미칠 수 있습니다. 그렇지만 100명이 넘으면 대표가 밤을 새느냐 안 새느냐는 크게 중요하지 않아요. 같이 하는 분들이 성과를 내도록 도와주는 게, 기업의 성장에 중요합니다. 직원 수 50명일 때 성과를 내던 방식으로는 일하기 어려워졌다는 걸 알았어요. 대표가 회사의 모든 일에 세세하게 관여하고 의사결정하는 게 불가능하다는 걸 인정해야 하고, 그렇다면 회사가 가야 할 방향성에 대한 논의와 공유가 선제적인 이슈가 되더라고요.

결국 분야별 전문가가 재량권을 가져야 하는데 이걸 지지할 백오피스Back Office(지원 조직)가 필요합니다. 말하자면 제가 하던 일을 위임하고 다른 팀원들은 뒷단에서 지지하는 방식이죠. 데이터도 많아지면서 정보 보안이나 리스크 관리도 중요해졌고, 그러면 법무팀, 컴플라이언스팀도 신설해야 합니다. 리스크 관리만 2배 넘게 늘어났어요.

제품 개발은 윤도영 CTO(최고기술책임자)가 CPO(최고제품책임자) 역할까지 맡습니다. 이 영역에서 제가 (윤 CTO보다) 나은 결정을 내릴 수 없다는 확고한 생각입니다. 결정이 이상할 때는 되묻기도 하지만, 최종 목표 지점과 결과물이 비슷하다고 했을 때 효과적으로 가는 길과 대안은 바뀔 수밖에 없어요. 예컨대 미션은 고지의 깃발을 뺏는 건데 공격 루트를 왼쪽으로 할지, 다른 길로 할지 판단은 어려워요. 미션에 대한 중장기적 그림에 대한 합의는 함께 하지만, (공격 루트와 같은) 세부 방향은 전문성을 가진 사람이 판단을 내리는 게 중요하다고 봅니다. 저는 제 전문성을 갖고 있는 분야를 찾고, 그 분야를 맡는 거죠.

스스로 볼 때 저는 넓게 보려고 하는 것과 이해관계를 잘 정렬하는 능력이 괜찮은 것 같습니다. 한국신용데이터의 주주 명단과 투자 과정을 보면, 어떻게 이런 분들이 주주사로 들어오셨지, 하는 곳이 많아요. 다들 업종별 1위 사업자입니다. (투자 유치 내역을 보면 카카오, 두나무, 코오롱, 신한카드, KB국민은행, GS홀딩스 등이 참여했다.)

결국 한국신용데이터는 사장님 대상의 빅텐트를 세우는 일이고 그 안에는 우리 말고도 다른 영역의 사업자가 많아야, 그림이 풍성해집니다. 이해관계 정립이 필요하고요. 재무적 투자자를 유치하는 건, 이게 돈이 된다고 설득하면 됩니다. 하지만 전략적 투자자는 자본 이익 극대화가 아니라, 이 거래가 자사 성장에도 득이라는 포인트가 중요합니다. 카카오나 신한카드가 한국신용데이터에 참여한 건, 이런 설득을 잘한 것이고요. 개인사업자 신용 평가업을 할 때도 컨소시엄을 만들고 인가를 신청했는데 그곳의 주주사들도 다들 그림에 동의해서 들어온 거죠."

• • •

창업가가 유튜브 안 보고 텍스트에 집착하는 뻔한 이유

김동호는 "되게 열심히 리서치하는 편이에요. 전체적인 내러티브(하나의 스토리를 구성하는 인과관계 및 구조)와 패턴을 잘 읽고 맞추는 편이고요. 오픈서베이도 그렇고, 사업을 하자고 했을 때 과거 문헌을 꼼꼼하게 찾아봅니다"라고 말한다.

하나의 업을 볼 때 유일무이한 첫 번째 도전은 없다. 그는 "비슷한 시도는 분명히 있었고 계속 일어났을 겁니다. 잘됐거나 안 됐거나, 명확하게 '유추할 수 있는 이유(잘된 이유 또는 실패한 이유)'가 있고요. 그런 이해를 토대로 지금 내가 이 일을 잘하기 위해 정리와 기획을 철저히 합니다"라고 한다. 다른 말로는 책을 많이 읽는다는 뜻이다.

"책을 좋아해요. 텍스트를 좋아한다고 해야 하나. 대학생 때는 일 년에 100~150권 정도 읽었어요. 한 국가의 역사, 기업의 역사도 좋아합니다. 감성이 메말라 보일지 모르지만 시나 소설보다 연대기에 관심이 많아요. 사실관계를 위주로 썼다지만 연대기에도 의견이 들어가죠. 지금은 그 정도로는 못 읽고 외신 등을 봐요. 예전에 비해 책 독서는 줄었지만 텍스트를 읽는 시간은 줄지 않았어요. 하루에 2~3시간은 뭐가 됐든 읽는 것 같아요. 유튜브나TV 같은 영상은 잘 안 봐요. 이유요? 텍스트가 영상보다 투여 시간 대비 얻는 정보량이 더 많기 때문이에요."

김동호는 "2013년 손정의 소프트뱅크 회장님께 PT 할 기회를 잡았는데, 그전에 손 회장님에 관한 책을 모두 구해서 읽었다"고 했다. 동석한 이인묵 홍보실장은 "한국에서 손정의에 대한 가장 많은 지식을 갖고 있는 사람은 김 대표일지 모른다"고도 했다.

텍스트를 읽는 창업가는 숱하게 많다. 텍스트를 잘 안 읽는 창업가를 찾는 게 더 어려울지도 모른다. 1시간을 정보 습득에 쓴다고 할 때 텍스트는 동영상에 비해 몇 배 이상의 정보 습득이 가능하기 때문이다. 딱딱

한 정보일수록 더 그렇다. 예컨대 넷마블의 방준혁 창업가도 그런 한 명이다. 예전 인터뷰 때 만난 방준혁 넷마블 의장은 "모르는 분야인데 꼭 알아야겠다 싶으면 3개월 넘게 그 분야 전문 서적을 몇 권이나 계속 읽습니다. 이해할 때까지요."라고 했다.

뻔한 이유고 누구나 아는 '문제 해결을 위해 필요한 과정'이다. 성공한 창업가의 공통점은 텍스트와 실행력이지 않을까. 반면 유튜브를 보고 그 안에서 문득 탁월한 영감이나 아이디어, 좋은 정보를 얻었다고 생각한다면, 그건 깊게 파고든다는 의미를 아직 모르는 사람일 수도 있다. 유튜브는 엔터테인먼트이고, 엔터테인먼트 측면에서는 동영상이 텍스트보다 수십 배 더 강한 자극이다.

덜 뻔한 이유도 있다. 소설가 무라카미 하루키의 《노르웨이의 숲》에서 나가사와가 주인공 와타나베에게 한 말을 빌리자면 "《위대한 개츠비》를 세 번 읽은 사람이면 친구가 될 수 있다"는 것이다. 1968년의 일본 대학가에서 스콧 피츠제럴드를 읽는다는 건, 반동까지는 아니었지만 권장되는 일도 아니었다. 당시 대학생 가운데 누구도 《위대한 개츠비》를 읽지 않았다. 하지만 나가사와는 남들과 똑같은 생각과 같은 패턴의 행동하는 사람들을 인정하지 않았다. 남들이 보는 인기 유튜브를 시청하고 같은 고민을 하고, 남들처럼 행동하는 건, 생각하는 인간의 삶으로 인정하지 않으려는 극단적 사고를 소유한 인물인 것이다. 나가사와라는 인간에 대한 호불호는 갈릴 수밖에 없다. 단, 남과 똑같은 천편일률적 관점을 가진 사람은 훌륭한 창업가가 될 수 없다.

한국신용데이터 김동호의 첫날

캐시노트의 사용자가 많아져도 결국 회사가 버는 매출은
너무 작지 않나요. 어떻게 돌파하죠.

생태계 모델을 목표로 한 서비스는 사업 초기에 모두 이런 질문을 받았을 것 같습니다. 페이스북, 유튜브, 네이버 등도요. 사람들은 모았는데, 엄청난 숫자의 이용자인데도 매출은 너무 작다고요. 아니 그 이전에는, "그런 서비스를 쓸 사람이 얼마나 될 것 같냐"라는 질문도 받았을 겁니다.

한국신용데이터는 아직 '첫날'에 있다고 생각합니다. 100만(캐시노트 80만, 비즈봇 20만) 사장님에게 서비스를 제공하고 있는데요. 쓸 사람이 있겠냐는 질문에는 대답을 한 것 같아요. 물론 여전히 다가갈 사장님이 많이 남아있기도 하고요. 이미 서비스를 쓰는 이용자에게 추가로 도움을 드릴 수 있는 영역도 아직 많이 남아있습니다. 폭과 깊이 면에서 모두 다 빠르게 확장되고 있고 또 수십 배 이상 나아갈 곳이 있다고 봅니다.

04

스타트업 카카오 기원설: 왜 유독 카카오 출신 창업가가 많을까

2021년 6월 9일, 강남의 교보생명 빌딩에서 당근마켓 김용현 창업가와 '1,500만 명의 이용자를 넘어선 당근마켓'의 비즈니스 모델과 그의 스토리를 듣고 있었다. 그때, "당근마켓은 정말 카카오 초창기 모습과 닮았어요"라고 말한 건, 옆에 있던 이기연 홍보팀장이다. 당근마켓의 김용현-김재현 공동창업가는 둘 다 카카오 출신이고, 이 팀장도 그렇다.

뭐가 닮았을까. 옆 회의실에선 슬리퍼를 신은 직원이 다리를 꼰 채 서너 명의 동료 앞에서 무엇인가 심각하게 이야기하고 있었고, 김용현 대표는 반바지 차림이었다.

"다들 점심시간이든 쉴 때든 삼삼오오 모이면, 당근마켓 그만두고 뭘 창업할지를 이야기해요. 보통 회사의 경영진이 알면 깜짝 놀랄 일이지 않나요. 하지만 당근마켓은 달라요. 이런 분위기를 좋아해요. 카카오 초창기가 그랬거든요."

이기연 홍보팀장의 말에 '스타트업 창업가의 카카오 기원설' 찾기가 시작되었다. 그러고 보니 유독 카카오 출신의 창업가가 많다. 네이버, 엔씨소프트, 넥슨, 넷마블, 네오위즈 등과 비교해도 그렇다.

김용현은 "이해진, 김범수 두 분 다 존경합니다. 이해진 의장님은 완전히 고객 관점이시고, 김범수 의장님은 사업 감각이 참 좋아요"라고 했다. '카카오 기원설'에 대한 대답이다.

"예컨대 김범수 의장과 많은 회의를 했는데, 그때마다 그는 '모바일에서 콘텐츠 서비스가 되지 않겠나. 한 페이지짜리로 넘기는 게 있어야 한다'라고 말했고, 당시 카카오 멤버들은 아무도 동의하지 않았어요. 김 의장이 말하면 모두 반대했고, 아무도 안했죠. 왜냐면 안 될 것 같으니까. 근데 당시 김 의장의 콘셉트가 현재 카카오페이지죠."

존경이 묻어나는 김용현의 설명에 놀랐다. 창업가인 김범수 의장의 주장에 멤버들이 단칼에 '노 No'할 수 있었던 카카오의 초창기 문화 말이다.

"IT는 20대가 잘하고, 40대보다 뛰어날 수 있다는 생각, 그리고 존댓말과 수평 문화, 이런 게 카카오 출신의 창업가가 많은 이유 아닐까요."

하지만 김용현의 설명만으로는 2% 부족했다. 그때 어메이즈VR의 채용 공고를 발견했다. '넥스트 카카오'를 꿈꾼다는 내용이었다.

리스크를 떠안고 모험적 이직을 한 사람에게는
창업가 DNA가 있다

어메이즈VR의 이승준 대표는 2012년 카카오에 조인했고 김범수 의장의 옆을 지킨 전략팀장 출신이다. 어메이즈VR은 벌써 6년 전에 가상현실VR의 세계 1등을 목표로 창업한 곳으로, 당근마켓 못지않은 잠재력 있는 스타트업이다. 이제야 페이스북에서 퀘스트2라는 제대로 된 VR기기가 등장했으니. 한참 빨리 뛰기 시작한 것이다. 이 창업가는 "2~3주 뒤면 창업 6주년"이라며 "세상 사람들 모두가 VR 헤드셋을 쓰는 시대가 온다고 믿고, 꾸준히 준비해온 과정이었다"고 했다.

카카오 기원설을 묻자, 이 창업가는 "카카오 초창기 멤버, 그러니까 100번대에서 사번 600~700번 정도까지는 분명 문화가 달랐다"고 한다.

"베인앤컴퍼니에서 카카오로 이직할때 당시 주변에서 다들 말렸어요. 카카오톡도 초기였고 당시엔 지금과 달리 스타트업이 투자받기도 쉽지 않았어요. 그런 반대에도 '리스크 테이킹'을 했죠. 그때 조인한 친구들은 모두 저처럼 위험을 받아들인 사람들이에요. 여기에 운이 좋아 상장했고 '직장인이 벌기 힘든 돈을 버는 경험'도 했어요. '나도 스타트업 창업해볼까'라는 동기가 생긴 거죠."

이승준은 "대략 사번 700번 미만의 이야기인 것 같고, 지금의 카카오는 다를 것 같다"고 했다. 현재는 상장사인 카카오에 입사한 직원들은 회사란 조직에 기대하는 바가 당시와는 다를 것 같다는 것.

"브라이언(김범수 의장의 영어 이름)요. 매일 봤던 보스였어요. 소탈하죠. 무엇보다 많이 배운 대목은 '자신의 생각이 옳지 않을 수 있다'는 자세였어요. 큰 영향이었어요. '또 다른 세대를 열 수 있는 자세'인 거죠."

가상현실이라는 또 다른 세대의 문을 여는데 도전하는 어메이즈VR, 이승준 창업가의 설명에도 '카카오 기원설' 궁금증 2%가 남았다.

창업은 그 자체가 하나의 문화.
단, 동료들과 공유하는 문화

김성용 남의집 창업가는 보다 직설적인 답을 줬다. 남의집은 취향이 맞는 사람들을 찾아, 대화를 나눌 수 있는 방법을 찾는 스타트업이다. 예컨대 '유언장 쓰기'라는 주제방을 만들고, 모임 장소와 시간을 내면, 지원자들이 참여하는 식이다. 철저한 '오프라인' 방식이다.

남의집 프로젝트라고 하면, 나름 이 바닥에서 알 만한 사람은 다 안다. 아직 엄청난 돈을 벌거나, 투자 유치는 안했지만, 진짜 스타트업의 느낌이 나는 스타트업이라고 해야 할까. 김성용 창업가도 '사번 100~700번의 카카오 초창기 멤버'다.

"'너희들 카카오 때 경험으로 창업해봐'라고, 김범수 의장이 계속 말을 걸었어요. 그리고 카카오는 특이하게도 당시 계속해서 주변 스타트업을 인수했고, 그때마다 동년배 친구들이 자기 걸 팔고 엑시트 해서 카카오의 동료로 들어왔어요. 돈을 많이 번 사람들을 주변에서 계속 봤고, 동료로 함께 일하다 보니까, '이거 나도 할 수 있겠다'는 게 그냥 피부로 와닿았습니다."

김성용은 "밥 먹을때 동료에게 '이런 거 해볼까' 말하고, 해커톤(여럿이 모여 하룻밤이나 며칠 동안에 하나의 아이디어를 구현하거나 문제를 해결하는 것) 같은 행사를 하면서 동료들과 '창업 경험'을 했다고 한다.

청소연구소를 운영하는 생활연구소의 연현주 대표, VITO를 하는 리턴제로의 이참솔 대표, 안전가옥의 김홍익 대표, 우리의식탁을 하는 컬쳐히어로의 양준규 대표, 운칠기삼의 심경진 대표, 타임트리의 박차진 대표…. 셀 수 없는 도전자가 카카오에서 나왔다. 이미 창업-엑시트까지 끝낸 호갱노노와 같은 스타트업 창업가도 있다.

카카오 기원설의 해답은 한두 마디의 표현이 아닐 것이다. 모든 창업가는 각자 본인만의 해답을 가지고 있을 것이다. 오히려 '창조적 충동'이라는 박경리 작가의 표현이 창업가 기원 찾기의 도달점에 있는 셈이지 않을까.

창조는 낯설어하는 개인의 영혼으로부터 출발한다. 골짜기의 물이 은밀하게 흘러서 바다에 이르듯 창조적 영혼이 깊고 넓을수록 수많은 삶으로 확대되어 친화親和의 세계로 들어서게 되는 것이다. 욕망은 취하는 것이다. 파멸을 예비하고 있으니 성취하기가 어렵다. 그래서 욕망무한이라 하던가. -박경리 작가[7]

오늘의집:
베조스의 800번과 '제이 타임'이 찾는
10년 동안 변하지 않을 것

매번 10년 뒤 무엇이 변할지 질문을 받는다.
하지만 10년 동안 무엇이 변하지 않을지를 묻는 사람은 아무도 없다.
아마존 창업가 제프 베조스

성공한 창업가에게 마이크를 갖다 대면 십중팔구 성공의 비결은 미래의 변화를 먼저 읽은 것이라고 답한다. 스마트폰의 커뮤니케이션 변화를 읽은 건 카카오톡의 김범수이고 검색이야말로 최적의 광고 도구라는 것을 깨달은 첫 번째 인물은 구글의 래리 페이지Larry Page다. 10년 뒤 바뀔 미래를 알고, 그 미래의 변화에 맞는 비즈니스를 시작하면 성공할 것이다.

변수와 상수. 사람들은 언제나 미래의 변화를 알아낸, 변수에 주목한다. 그게 뉴스이기 때문이다. 하지만 비즈니스라는 레고 블록을 탄탄하게 쌓기 위해 중요한 것은, 변하지 않는 상수다. 상수에 대한 확고한 신넘만이 변수의 값을 명확하게 특정 지을 수 있다. 수학의 방정식을 풀려면 변수의 숫자만큼 산식이 필요하다. 그 산식을 만드는 게 상수다.

제프 베조스Jeff Bezos 아마존 창업가는 "10년간 변하지 않을 것을 안다면, 그 위에서 정확한 시점에 전략을 짤 수 있기에 변할 무언가보다 변하지 않을 10년의 요소가 더 중요하다"고 말한다. 아마존에게 그것은 고객이다. 예컨대 아마존을 이용하는 고객이 "베조스, 요즘 배송이 너무 빨리 오니까 좀 천천히 보내줘", "가격이 너무 싼데, 조금 비싸게 해줄 순 없을까"라고 요구하지는 않는다. 10년 뒤에도 변하지 않을 확실한 상수는 '고객은 언제나 더 빠르고 정확한 배송과 보다 싼 가격에 물건을 사기를 원한다'는 대목이다. 제프 베조스는 회의실에 빈 자리를 하나 둔다. 가장 중요한 인물, 즉 고객이 앉은 자리다. 변하지 않는 상수가 앉는 자리다. 고객 가치라는 상수를 두고, 회의에선 온갖 변수에 대한 판단을 내린다.

이승재 창업가는 그런 제프 베조스를 존경한다고 했다. 베조스처럼 그에게도 상수는 고객이다. 고객에 대한 집착, 변하지 않을 상수에 대한 집착은 오늘의집이 30개월간 매출 제로의 시기를 견딘 힘이었다.

버킷플레이스
이승재

. . .

1987년생. 서울대 화학생명공학과 06
학번. 졸업 직전 태양광 쓰레기통을 만
드는 스타트업 이큐브랩 초기 팀원으
로 일했다. 이큐브랩에서 직접 사무실
인테리어를 하다 아이디어를 얻고 회
사를 나와 2014년 버킷플레이스를 창
업했다. 회사 이름은 버킷플레이스, 서
비스 이름이 오늘의집이다.

항상 검은색 티셔츠, 후드티, 청바지만
돌려 입는다. 마크 저커버그나 스티브
잡스를 따라한 것. 뭔가 있어 보여서 따
라 시작했는데, 실제로 해보니까 '옷 선
택하는 시간이 줄고 사업 고민하는 에
너지가 조금이라도 늘어난다'고 했다.

변수를 풀기 위해 상수에 집착한다

오늘의집은 매달 둘째 주 금요일, 타운홀에 전 직원이 모인다. 200~300명이 빽빽하게 앉을 수 있는 광장이다. 인테리어 플랫폼 회사답게 붉은 타일을 깔았다. 강렬한 인상이다. 직원들은 이 디자인을 빗대 목욕탕이라고 부른다.

타운홀에서 30분가량 진행되는 이 모임에서는 그 달의 매출, 이용자, 새 서비스 계획 등 회사와 관련된 모든 정보를 투명하게 공개한다. 모임에는 창업가 이승재의 영어 이름 '제이 J'를 딴 '제이 타임'이 있다. 이승재는 연단에 올라 그 달 기억에 남았던 오늘의집 사용 후기를 읽는다. 5점 만점 리뷰 중 가장 낮은 점수인 1점, 가장 높은 점수를 받은 5점 리뷰가 중심이다.

"기억에 남는 별 5개 리뷰는 '오늘의집에서 이것저것 계속 장바구니에 담다 보니 몇백만 원이 됐다. 통장이 텅장(텅 빈 통장) 됐다'는 겁니다. 별 1개, 최저 평점 리뷰 중에서는 '침대를 샀는데 매트리스는 배송이 왔고, 프레임만 안 왔다. 매트리스를 바닥에 깔고 자고 있다', '오늘의집에서 주문한 식탁이 제때 안 와 바닥에 신문지 깔고 먹고 있다'는 리뷰와 사진이었습니다."

고객은 왜 여전히 힙한 오늘의집이 아닌,
대형가구회사에서 가구를 살까

이승재와 팀원들은 고객 불만족 리뷰를 꼼꼼하게 분석했다. 아예 매일 슬랙(일종의 기업용 카카오톡) 대화방에 그날의 리뷰를 종합 정리해 올리는 자동 프로그램을 만들기도 했다. 가장 많이 언급되는 고객의 페인 포인트는 배송이었다. 가구 배송은 부피가 크고 무거운 데다 배송 기사가 조립도 해야 하는 경우가 많다. 어떤 물건보다도 배송 난이도가 높다.

상수는 심플하다. 현재도 그렇고 10년 뒤에도 고객은 제시간에 맞춰서 오는 가구 배송을 원할 것이다. 고객이 '이건 부피가 너무 크고 엄청 무거우니까, 좀 천천히 가져다주는 게 좋아요', '대형가구회사는 바로 가져다주지만 오늘의집은 스타트업이니까 늦어도 이해할게요'라고 하지는 않을 테니까. 상수를 풀지 않고서는, 인테리어 플랫폼이란 오늘의집의 미래 변수도 불확실하다.

오늘의집은 본질적으로 수십, 수백 곳의 영세회사 가구를 파는 플랫폼이다. 하지만 영세회사의 배송 실패는 오늘의집의 실패이기도 하다. 2년간 준비하고 영세회사의 배송을 대신하는 프로젝트를 시작했다. 고객의 상수에 대면한 것이다.

"가구를 대형업체에서 많이 사는 이유는 예측 가능한 배송이 큽니다. 대형업체는 자본과 인력이 많습니다. 배송이 체계적이고 집에 오면 조립도 해줍니다. 반면 영세한 가구 업체들은 좋은 목재로 가구를 만들지만 날짜와 시간을 맞춘 배송과 조립 서비스는 어렵습니다. 가구는 받을 때 사람이 집에 꼭 있어야 하는데, 마냥 기다릴 수도 없고요. 배송 한계 탓에 좋은 가구를 제대로 팔지 못하는 소형 가구 업체도 숱하게 많습니다. 오늘의집에 올라오는 많은 가구가 중소가구업체 제품이었기 때문에 이 문제를 해결해야만 했습니다."

오늘의집은 2021년 가구 배송 프로젝트라는 시험대에 올랐다. 오늘의집에서 가구를 주문하면, 오늘의집이 직접 구축한 배송망에서 배송하는 서비스다. 구매 후 2주 이내에서 날짜를 선택할 수 있고 빠르면 하루 이틀 안에도 가능하다. 기획과 시장 조사는 2년 걸렸다. 점조직처럼 구성된 가구 배송망을 꼼꼼하게 조사해 섭외했다. 경기도 포천에서 소규모로 베타 테스트를 진행하고 검증했다.

"오늘의집을 이용하면 중소가구업체는 배송 걱정 없이 오롯이 제품 퀄리티와 가격, 디자인에만 집중할 수 있습니다. 그러면 가구 업체도 오늘의집에서 좋은 가구를 더 싸게 팔 수 있고, 오늘의집도 경쟁력이 생기는 윈-윈 구조입니다."

2014년 출시한 인테리어 앱 오늘의집은 이용자들이 자신이 집을 꾸민 사진과 경험을 올릴 수 있고, 이런 후기를 바탕으로 가구와 소품을 사거나 인테리어 시공을 중개받을 수 있는 플랫폼이다. 팬데믹 이후 내 집 꾸미기에 관심이 많아진 이용자들이 몰리면서 2021년 8월 기준 다운로드 수 2,000만 회, 회원 수 천만 명이 넘었다. 월 천억 원이 넘는 금액이 오늘의집에서 거래된다. 쿠팡, 배민, 마켓컬리, 당근마켓의 뒤를 잇는 국민 앱이 된 셈이다. 2020년 11월 미국 실리콘밸리 투자자 등에게 700억 원 이상 현금을 받아, 투자 시점 기준 8,000억 원 기업 가치를 인정받았다.

· · ·

고객이 우리 생각과 달라서 실패했다는 도돌이표

실패한 스타트업 창업가들에게 '왜 실패했느냐'를 물으면 듣는 대답은 거의 똑같다. '처음 구상대로 치열하게 고생해 좋은 제품과 서비스를 내놨지만, 정작 시장과 고객이 원하는 건 그게 아니었다'는 것.

창업 초기, 열정과 패기로 계획을 세울 때까지 창업가는 모든 것이 완벽하다고 믿는다. 그러나 대부분 얼마 가지 못해 시장의 혹독한 평가에 좌절한다. 계획과 구상이 완전히 빗나가는 경우도, 때로는 작은 디테일이 시장의 니즈와 맞지 않는 경우도 있다. 본질적으로 기업의 실패 이유는 '시장의 선택을 받지 못해서'다. 자신의 머릿속에 있는 것이 아니라, 고객이 원하는 것으로 돌아가야한다.

오늘의집 창업 아이디어도 인테리어를 고민하는 평범한 고객의 페인 포인트에서 시작했다. 이승재 본인의 인테리어 경험이다. 서울대 화학 공학과를 다니던 06학번 대학생 이승재는 졸업 직전 스타트업의 창업 멤버로 합류했다. 이큐브랩. 쓰레기통 상단에 있는 태양광 패널에서 동 력을 만들어, 쓰레기통이 가득 차면 위에서 눌러 부피를 줄여주는 친환 경 쓰레기통을 만드는 스타트업이었다.

> "스타트업 사무실을 꾸며야 했습니다. 평소 디자인에 관심이 많아 자신 있게 손을 들고 제가 하겠다고 나섰습니다. 예산은 천만 원. 소파를 고르다가 문득 인생에서 소파를 처음 사본다는 것을 깨달 았죠. 책상, 의자도 골라야 했고 벽 도색부터 가구 배치까지, 천만 원을 써야 하는데 할 수 있는 일이라곤 네이버 검색창에서 '페인 트칠 잘하는 업체'를 검색하는 일뿐이었습니다. 한 사람이 적게 는 수백에서 많게는 수천만 원을 쓰는 시장인데 누구 하나 도와 주는 이를 찾기가 무척 어려웠죠. 깜깜이 시장이라면 누군가 먼 저 해본 사람이 조금만 도와줘도 정말 편하겠다는 생각이 들었습 니다."

이큐브랩을 떠나 창업을 결심한 이승재는 2014년 7월 오늘의집을 창업했다. 초기 모델은 인테리어 후기를 올리는 커뮤니티 앱이었다. 오프라인에서 입소문이 나는 가구 후기, 인테리어 업체 이용 후기를 온라인과 모바일로 모을 계획이었다. 지인이나 고수가 '나 이번에 이사하면서 엄청 고민했는데 답은 이것 같다'는 후기를 공유하는 공간이다.

"소비자에게 '아는 가구 브랜드를 말해주세요' 하면 몇 개 정도 답이 나올까요. 한샘, 이케아, 리바트, 까사미아 그리고 침대는 에이스와 시몬스, 이쯤에서 막힐 겁니다. 들어본 적도 없는 브랜드가 수천 개쯤 더 있습니다. 게다가 브랜드의 가격대는 감도 오지 않습니다. 인생에서 침대를 몇 번이나 살까요. 사본 경험이 없거나 많지 않으니 무얼 믿어야 할지도 모릅니다. 공사까지 해야 하는 인테리어 견적 비교는 가구 고르기보다 두 배쯤 어렵습니다."

지인들에게 알려주는 자신의 인테리어 후기는 하나의 콘텐츠였고 이 콘텐츠를 한 곳으로 모아 쌓는 인테리어 콘텐츠의 집합소가 오늘의집의 시작이다. 이승재를 비롯한 창업 멤버 셋이 콘텐츠에 집중했던 이유는 하나다. 오프라인 인테리어 시장에 스타트업이 무작정 진출하는 것은 너무 어려웠기 때문이다. 전문가를 찾고 직접 가구를 만드는 것이나 시공을 할 인력과 노하우를 구하는 것도 스타트업에게는 벅찬 일이다. 소비자들이 느끼는 인테리어의 페인 포인트는 누구나 알고 있다. 투명하지 않은 정산, 들쭉날쭉한 품질, 표준화되지 않은 작업 프로세스….

거대하고 복잡한 인테리어 시장을 20대 청년 셋이 바꾸기란 '계란으로 바위 치기'였고 창업 팀은 스타트업이 할 수 있는 일을 먼저 찾았다.

"내돈내산(내 돈을 주고 내가 산) 인테리어 후기는 참여하는 모수가 많고 관심이 많은 영역입니다. 콘텐츠와 IT는 밀접한 관계니 스타트업인 우리가 잘 이해하고 풀 수 있는 문제였습니다. 모든 인테리어, 가구 교체의 출발점은 인터넷 검색이니까요. 시작 지점, 거기서부터 시작해야 할 것 같았습니다."

• • •

매출 0원으로 버틴 30개월, 데스밸리의 버티기

2014년 7월 셋으로 시작한 창업 팀은 2016년 1월 시리즈 A 투자(스타트업의 투자 단계를 구분하는 단어. 스타트업은 특정 시기 여러 기업으로부터 투자를 받고, 성장한 이후에 다음 단계 투자를 받는다. 시리즈 A, B, C, D 순으로 진행되고, 뒤로 갈수록 투자 규모와 스타트업 기업 가치도 크다.)를 받을 때까지 매출 0원이었다. 콘텐츠를 쌓기만 할 뿐, 돈을 버는 모델이 오늘의집에는 없었기 때문이다. 엔젤 투자금을 아주 아껴서 쓰고, 간간히 외주 개발을 하면서 버티는 수밖에 없었다. 2016년 직원은 10명이었는데, 초기 창업 멤버 셋은 한 달 최소 생활비 수십만 원을 가져갔고 다른 팀원들에게는 아주 적은 월급이 주어졌다. 이승재는 자신의 퇴직금을 모두 회사에 넣었고, 다른 창업 멤버는 생활비가 떨어져 가족에게 돈을 꾸기도 했다.

당시 한 투자자를 찾아갔다. 투자 유치를 위해서다. 오늘의집 임금 구조를 본 투자자는 '그 적은 돈을 받고도 창업 팀이 굴러가는 것 자체가 새로운 비즈니스다. 차라리 그걸 비즈니스로 하는 것이 어떠냐'고 농담처럼 말한 적도 있었다. 이승재는 "딱히 칭찬은 아닌 것 같았다"고 기억했다. 그래도 이승재와 창업 팀은 확신했다. '인테리어 시장은 결국 된다'는 것. 고객의 불편함은 누구나 인정하는 확실한 것이었기 때문이다. 확신의 근거는 첫째로 인테리어는 물자와 재화, 서비스가 아주 활발하게 교환되는 곳이고, 둘째로 규모가 아주 큰 시장이라는 점에 있었다. 가구와 소품 구매, 시공까지 집을 꾸미고 고치는 시장 전체 규모는 대략 40조 원에 달하고 오늘의집이 접근할 수 있는 시장을 보수적으로 잡아도 20조 원쯤 됐다. 1~2%만 차지해도 생존이 가능하다는 나름의 계획이 있었다.

> "지금 생각해보면 우리가 대단해서가 아니라, 모두가 20대였고 부양가족이 없었기에 가능했던 것 같아요. 돈이 없으면 주말에 라면 끓여 먹었어요. 꿈이 있었고 잃을 것이 없어서 큰 걱정을 하지 않았습니다."

정작 돈을 벌 수 있는 모델은 이승재와 창업 팀이 원해서 시작한 것이 아니었다. 이승재는 콘텐츠를 쌓는 데 1~2년 정도 시간을 더 쓰고 싶었다. 하지만 자금이 떨어져 투자를 받으러 투자사를 돌아다니면서 높은 벽을 실감했다. 비전을 들은 투자자들은 대부분 "당신 이야기에는 설득이 안 된다"는 반응을 보였다.

> "창업가로서 뼈아픈 말이었어요. 하지만 투자자 입장에서 생각해보니 맞는 말이었죠. 돈도 안 벌어본 녀석들이 '돈은 나중에 벌립니다'라고 말하고 다녔으니, 얼마나 무책임하게 보였겠어요. 그 즉시 실행에 옮겼습니다."

그렇게 2016년 초 투자와 동시에 오늘의집에 가구 커머스 기능을 추가했다. 매출이 들어오기 시작했고 돈이 돌았다. 매출 0원의 30개월 데스밸리Death Valley(스타트업이 연구개발에 성공하거나 제품을 내놓은 뒤 안정적 궤도에 오르기까지의 기간)는 그렇게 끝났다. 데스밸리를 견딘 직원 10명 중 대부분은 여전히 버킷플레이스에서 일하고 있다.

벤 호로위츠는 CEO를 만날 때마다 그들에게 어떻게 오늘에 이르렀는지를 묻는다고 한다. 고만고만한 수준의 CEO는 언제나 자신의 뛰어난 전략과 사업 감각을 떠들기에 바쁘다. 하나의 획을 그은 인정할 만한 CEO들은 반대로 이렇게 말한다. "그만두지 않았을 뿐입니다."[8]

한국의 창업가도 마찬가지다. 성공한 대표적 연쇄 창업가인 크래프톤의 장병규를 2017년 만났을 때 '연이어 창업한 회사들이 성공한 이유'를 물었다. 그는 "사람들이 몰리는 것은 다 돈이 됩니다. 네오위즈도, 첫눈도, 블루홀(당시 크래프톤 사명)도 채팅, 검색, 게임 모두 사람들이 자주 찾는 것이니 언젠가 큰돈을 벌 수 있을 것이라 생각했습니다. 문제는 돈이 벌릴 때까지 버텨내는 힘이죠"라고 답했다.

오늘의집 이승재는 벤 호로위츠의 시각에서 보자면 '인정할 만한 CEO가 될 충분한 자질'을 가진 창업가다. 30개월의 매출 제로를 버텨내서만은 아니다. 이승재는 스타트업 초기에 스스로에게, 팀원들에게 "저는 순례자예요"라고 이야기했다. 순례자는 하나의 믿음을 가지고 행여 끝이 없는 수도의 길임을 알면서도 그만두지 않고 길을 걷는 이다.

• • •
프리퀀시의 한계와 미싱의 딜레마

이승재 창업가도 주거 관련 스타트업의 한계를 알고 있었다. 고객 주기 탓이다. 배달 음식은 프리퀀시frequency(구매주기)가 빠르다. A 음식점에서 시켜보고, 맛있으면 한 달에도 몇 번을 주문한다. 음식 주문 앱에는 일주일에도 수차례 들어간다.

반대로 인테리어나 가구는 프리퀀시가 낮다. 구매 주기가 너무 느리다 보니, 경험이 적고 제한적이다. 금액이 비싼데도 의사결정이 힘든 구조다. 주거와 관련된 비즈니스의 어려움은 여기서 출발했다.

"공급자 입장에서도 고객들이 좋은 제품을 볼 지식이 부족하니 답답합니다. 예컨대 음식점은 좋은 결과물만 계속 만들면, 같은 고객이 재방문하고, 또 입소문이 퍼지고 추가 고객을 획득합니다. 반대로 인테리어는 아무리 좋은 퀄리티라도, 재구매 고객을 받기 힘듭니다. 또 신규 고객을 찾아야 합니다. 정보 비대칭성의 문제가 가로막고 있습니다."

주거의 영역에서 플랫폼 등장이 늦은 것도 같은 이유로 설명했다. 결국 플랫폼은 중개하는 역할인데, 인테리어 플랫폼이 고객의 고민을 해소해주면 그 순간 그 고객은 다시는 그 플랫폼에 올 필요가 사라진다는 것이다. 마치 너무 좋은 퀄리티의 제품을 팔면 고장이 나지 않아, 다시는 해당 제품을 살 필요가 없다. 미싱(전기 재봉틀)의 딜레마처럼 말이다. 한때 호황이었던 전기 재봉틀 시장은 30~40년 전 잔고장 하나 없는 신제품이 등장하고 나서 급격히 시장이 위축했다. 첨단 제품도 그렇다. 아이폰 신제품의 적은 작년에 나온 아이폰이듯 말이다.

인테리어도 한번 깔끔하고 단단하게 시공하면 20~30년은 끄떡없다. 오히려 잘못된 인테리어만 프리퀀시가 짧아지는 아이러니가 발생한다. 많은 사람과 재화가 매일 인테리어에 몰리지만 재방문 고객은 매우 낮을 수밖에 없다. 플랫폼으로 성장하기엔 제약으로 작용했다. 구전口傳, viral 마케팅을 대안으로 택한 게 이승재의 전략이었다. 좋은 인테리어를 경험한 고객이 다시 고객으로 복귀하지는 않지만, 그 목소리가 다른 고객을 불러줘야만 인테리어 분야에도 플랫폼이 등장할 수 있다는 것이다. '사람이 많이 모이면, 정보의 질이 좋아진다'는 플랫폼의 원칙에 집착했다.

> "가구든, 인테리어 업체든 결국 이 시장은 구전으로 사람이 모이는 곳입니다. '이 브랜드 매트리스가 좋아, 이 업체 사장님이 친절해' 같은 이야기가 돕니다. 누군가는 알고 있지만, 자주 일어나는 행동이 아니다 보니 내가 그 정보를 평소 얻지 못하고 있는 것이었죠. 오늘의집에 정보를 모두 모은다면 결국 '주변의 인테리어 전문가'는 결국 오늘의집이 되는 겁니다. 콘텐츠로 오늘의집 플랫폼 경쟁력을 높이는 구조죠."

주거의 특성상 자주 구매하지 않더라도, 인테리어를 준비할 때는 가장 먼저 찾는 플랫폼. 남의 후기를 읽다 보면 나도 사고 싶어지는 플랫폼. 많은 양의 정보를 쌓아 고객 프리퀀시를 높일 방법을 찾은 것이다.

이 전략에는 치명적인 결함이 있다. 사람이 많이 모일수록 광고 글 오염이 광범위하고 치밀하게 이뤄진다는 것이다. 정보가 모이는 플랫폼의 특성상, 광고 글로 콘텐츠가 오염되는 문제는 피하기 어렵다. 돈을 받고 제품에 좋은 후기를 집중적으로 남겨주는 광고성 후기다. 비커에 담긴 맑은 물은 잉크 한 방울에도 색이 변한다.

사실 포털 블로그나 유튜브, 배달 앱 등 모든 종류의 플랫폼에서 발생하는 문제다. 일부에서는 차단하기 어려운 광고 글을 묵인하기도 한다. 광고 글을 잡으려면 콘텐츠 등록 시 각종 절차를 까다롭게 해야 하는데 그러면 콘텐츠 양이 줄기 때문이다. 또 광고 글인지 확인하려면 직접 게재자와 통화해야 하는데 이는 엄청난 비용이다.

하지만 오늘의집은 그럴 수 없다. 고객 입장에서 인테리어는 실패 시 손해 부담이 큰 상품이기 때문에 광고글 오염에 대해서는 보다 민감하다. 오늘의집은 고객 리뷰와 후기를 디테일하게 확인한다. 인테리어 시공 업체 후기의 경우, 실제 계약서와 영수증, 대금 결제 내역을 첨부하도록 하고 이용자와 시공 업체에 직접 전화하기도 한다. 의심되는 리뷰는 두 번 세 번 체크한다. 비용이 들지만 타협할 수 없다. 오늘의집이 다른 스타트업보다 선해서가 아니라 그게 비즈니스의 특성이기 때문이다. 광고성 후기의 잠재적 손해가 그걸 막는 데 쓰이는 비용보다 더 크다. 예컨대 '거짓말로 쓴 광고성 인테리어 후기에 속아 1,000만 원 어치 인테리어를 맡겼는데, 엉망인 결과가 나왔지만 오늘의집이 거짓말한 건 아니니 괜찮다'라는 고객은 없기 때문이다.

· · ·
돌이킬 수 없는 변화

오늘의집은 코로나 팬데믹의 덕을 봤다. 한국을 포함한 세계 인테리어 시장은 재택근무 등으로 늘어난 집안 체류 시간과 함께 폭발적으로 성장했다. 높아진 관심도가 오늘의집과 같은 인테리어 플랫폼의 뒷배 역할을 했다. 코로나가 끝나고 여행이 늘고 다른 소비가 늘어나면 인테리어 시장 전체에도 충격이 오지 않을까.

> "고객은 집을 꾸미고 바꾸는 즐거움을 경험했어요. 소득 많은 국가에서는 집과 인테리어에 돈을 많이 쓰는데, 한국도 흐름을 탔어요. 코로나는 그 시점을 당긴 것이죠. 돌이킬 수 없는 변화예요. 스타벅스 커피를 한 번 마셔본 사람은 자판기 커피와 차이점을 알고, 에어비앤비를 써보면 호텔을 덜 가게 되는 것처럼요."

돈을 벌 수 있을 때 버는 게 비즈니스의 철칙이지만, 장기적인 성장 노선에서는 딱히 그렇지 않을 때도 있다. 고객 가치에 매달리겠다면 더욱 그렇다. 아마존은 2000년 《해리포터와 불의 잔》 신간 출간 때 정가의 40%를 인하했다. 한국은 도서정가제에 따라, 과도한 책값 인하는 불법이지만 미국은 할인이 가능하다. 아마존에 출간 당일 배송도 감행했다. 해리포터 책이 한 권 팔릴 때마다 아마존은 손해를 봤다. 제프 베조스는 해리포터라는 좋은 책을 활용해 고객의 니즈를 온라인 쇼핑몰로 가져오는 전략을 택했다.

증시의 판단은 달랐다. 손해 전략을 펴는 아마존의 주가가 폭락했다. 베조스는 "나는 주식 가격이 아니다. 고객들에게 득이 되는 일이니까

주주들에게는 손해가 날 것이라는 흑백 논리는 굉장히 아마추어 같은 생각이다"라고 반박했다.[9]

오직 돈을 벌 수 있을 때 벌라는 월가의 애널리스트를 저격한 말이다. 지금은 손해 전략이 인정받지만 당시 월가에서는 고객의 변화를 촉진하기 위한 의도적 손해를 이해하지 못한 것이다. 주가는 등락한다. 하지만 베조스의 주장처럼 주가가 올랐다고 기업의 CEO가 그만큼 똑똑해지는 것도 아니고, 주가가 폭락했다고 갑자기 창업가가 무능력자가 되지도 않는다. 고객의 지지만 잃지 않는다면 비즈니스는 탄탄한 것이다.

국민 앱의 자리에 오른 오늘의집은 지금 돈을 더 벌 수 있지만 아직 돈을 벌 때가 아니라고 본다. 고객 입장에서 섣부른 수익화는 추가적인 비용 부담이 될 수밖에 없는 구조임을 이승재도 잘 안다. 제프 베조스를 존경한다는 이승재는 "그의 경영 철학에서 배운 많은 교훈을 경영에서도 활용하고 있다"고 했다.

"2020년에 이미 몇 차례 월간 BEP(손익분기점)를 넘겼어요. 수익을 낼 수 있다는 자신감은 있어요. 하지만 지금은 수익을 내기보다는 적자를 내더라도 투자할 단계입니다. 예전부터 '스타트업은 망할 때까지 망할 것 같다'는 이야기를 자주 했어요. '이건 정말 대박'이라고 생각했던 아이템이 망하거나, '이건 무조건 실패'라고 생각했던 아이템이 잘 되기도 하더군요. 늘 불안하고요. 하지만 계속 도전을 하면서 새로운 가치를 만들어 내야 진짜 스타트업이죠. 투자를 몇백억 원 받고 회사 가치가 몇조 원이 되는 것과 관계없이요."

• • •

아마존의 전화번호 800

한국 스타트업 창업가에게 설문을 한다면, 존경하는 창업가 리스트에서 제프 베조스는 스티브 잡스는커녕 일론 머스크Elon Musk나 래리 페이지, 마크 저커버그, 김범수, 마윈보다 인기 없는 인물일지 모른다. 그나마 요즘에는 클라우드 혁신이나 우주 여행과 같은 화려한 비전을 보여준 덕분에 조금 인기가 올라, 빌 게이츠보다는 언급이 많이 될까 싶다.

하지만 온라인에서 책을 파는 비즈니스의 성공은 녹록한 과정이 아니었다. 사실 국내에도 2000년대 인터파크 등 숱한 서비스가 있었고 당시만 해도 누구도 아마존을 혁신의 대명사로 인정하지 않았다. 혁신이라기보다는 여러 나라 곳곳에 등장한 전자상거래의 하나였고, 단지 미국이란 큰 시장 덕분에 조금 더 주목받는 정도였다. 아마존은 끝까지 살아남아 전세계의 쇼핑 방식을 바꿨다. 같은 시대의 다른 온라인 서점들은 그렇지 못했다. 절멸했다. 오늘의집 이승재 창업가가 배우려는 대목은 그 차이다. 숱한 경쟁사와 함께 똑같은 아이디어로 출발했지만, 끝까지 살아 혁신의 결과물로 남은 전략 말이다.

예컨대 아마존의 도어 데스크는 상징적이다. 문짝을 뜯어 만든 책상은 한때 '지독한 구두쇠 제프 베조스'를 비아냥대는 말로도 쓰였다. 구글이나 페북과 비교해 아마존의 임금이 짠 것도 한몫했다. 외골수의 제프 베조스를 지적하는 일화도 그렇다. 2000년 제프 베조스는 고객과 평균 통화 연결 시간의 단축을 지시했고 그해 크리스마스를 앞둔 임원 회의에서 담당 임원에게 고객 통화 대기 시간이 몇 분인지 물었다. 담당 임원이 "1분 이하"라고 하자, 베조스는 회의실의 스피커폰으로 '800'에 전화 걸었다. 800은 아마존의 고객 응대 전화번호다. 콜센터 직원은 5분 만에야 등장했다. 담당 임원은 다음해 회사에서 나갔다. 당시엔 비용만 신경 쓰고 직원의 복지엔 무감한 베조스에 대한 비판 에피소드가 지금은 고객주의의 상징처럼 쓰인다.[10]

반짝 스타트업이 아닌, 30년 지속 가능한 업을 만들려면, 결국 변하지 않는 상수의 고객에 집착해야 한다는 게 이승재 창업가의 제프 베조스 평가다.

"굉장히 오래된 회사인데, 새로운 도전과 혁신을 지속적으로 하는 것은 대단해요. 불가능에 가까운 일이라 생각합니다. 책을 온라인으로 파는 것에서 시작해 지금은 우주까지, 인류적 문제까지 도달한 것이잖아요. 그 과정에 더 주목해요. 지속적인 혁신을 계속 해나갈 수 있는 조직을 만든 것, 컬처에 대한 믿음과 실행, 강력한 컬처 기반의 팀, 그리고 지속적인 도전과 실행이요."

오늘의집 이승재의 30개월과 동료

> 30개월을 매출 없이 버티고, 지금의 오늘의 집을 있게 해준 건 그동안
> 적은 임금으로도 함께 버려준 팀원들이 있어서 아닐까 생각이 들어요.

맞습니다. 회사의 비즈니스가 취약했던 시절 같은 믿음을 가지고 함께 버려주었던
팀원들이 여기까지 오는 데 정말 큰 힘이 되었습니다. 2013년 오늘의집을 준비할 당
시 저는 딱히 내세울 경험도 없고, 유명한 회사에 취직해 본 적도 없는 20대였기에 함
께 도전할 팀원을 찾는 것이 무척 어려웠습니다. 초기 팀원들은 지인을 통해 연결된
경우가 대부분입니다. 그마저도 녹록지는 않았습니다. 지인 소개를 통해 많은 분들
을 만났지만 제 부족함으로 인해 설득에 실패하는 경우가 대다수였고, 스스로 사업
과 팀을 정말 믿고 도전해 보려는 팀원들만 합류했습니다. 결과적으로는 그 덕분에
중간중간 어려운 고비들을 잘 넘겨올 수 있었던 것 같습니다.

퍼블리:
비타민에서 페인킬러로,
퍼블리의 6년 피벗

비전을 창조하는 것보다 비전을 변경하는 것이 더 어려운 일이다.
창업가가 비전을 몇 년 만에 바꾸는 경우라면 더욱 그렇다.
크래프톤 창업가 장병규 [11]

스타트업 비전의 유효기간은 몇 년일까. 냉동실이라도 있으면 상하지 않도록 비전을 넣어두고 싶다. 스타트업은 새 가설을 실험하는 조직이다. 시장에 없는 서비스와 제품을 내놓기 위해서다. 현재 없는, 막연한 미래를 꿈꾸는 본질이다. 그래서 창업 팀 전원이 공유하는 비전은 꿈이고 역경을 돌파하는 동력이다. 창업 팀은 비전을 믿고 현재의 고달픔을 견딘다.

하지만 가설이 설정부터 잘못된 것이었다면. 기존 가설을 버리고 전혀 다른 가설을 세우는 '피벗'을 감행해야 한다면, 그건 재앙이다. 비전 변경에 동의하지 못하는 구성원은 이탈하기도 한다. 아예 기존 회사를 폐업하고 새 스타트업을 창업해야 하는 경우도 있다.

단단한 비전으로 뭉친 팀원과 스타트업일수록 피벗은 어렵다. 기존 가설에 매달린 시간과 노력이 클수록 피벗은 힘겹다. 서서히 침몰하면서도 끝까지 '비전은 맞았지만, 너무 일찍 등장했다', '고객은 아직 이 가설을 맞을 준비가 안 됐다'라고 우긴다. 하지만 그 다음은 '마케팅팀은 잘했지만, 개발팀의 제품 퀄리티가 떨어졌다', '대외 커뮤니케이션이 작동 못해 외부 시장 환경 대응에 실패했다', '마케팅의 아마추어적 발상이 망쳤다'고 서로에 대한 비판에 함몰하기도 한다. 종래는 '창업가의 잘못된 판단과 오류에 묻혀 살았다'로 끝나기 일쑤다.

하지만 성공한 스타트업 치고 크고 작은 피벗 한두 번 안 겪은 곳은 없다는 사실을 아는가. 창업 때 세운 가설이 고스란히 시장에 먹히는 게 외려 이상한 일이다. 머릿속 세상과 현실이 일치할 수는 없다. 그 간극을 메우는 일도 창업가의 몫이다.

창업가에겐 가장 고통스런 순간이라는 피벗. 박소령 창업가는 "생존할 수 있다면 퍼블리라는 이름도 버릴 수 있었다"고 말했다. 서울 삼성역의 퍼블리 사무실엔 격문처럼 창업 팀 동료들에게 전하는 그의 메시지가 흰색 종이로 붙어있다. '스타트업에 기대해야 할 것들: 비즈니스 모델을 찾아내지 못하면 회사가 없어질 수 있다는 스릴과 긴장.' 어쩌면 피벗을 견뎌온 창업가 본인에게 되뇌이는 주문일지도 모른다.

퍼블리
박소령

· · ·

1981년생. 어린 시절부터 신문, 잡지, 만화책을 가리지 않고 읽을 정도로 텍스트 콘텐츠를 좋아했다. 사랑했다고 표현해도 괜찮다. 저녁 자리에서는 볼펜과 메모지를 옆에 둔다. 끄덕일 만한 말을 들으면 곧장 메모한다. 2000년 서울대 경영학과에 입학했고 졸업해서는 컨설팅 회사 맥킨지에서 일했다. 하지만 내 힘을 들여 타인의 사업 성과와 이익에 기여하는 일은 생각보다 재미없었다.

꿈꾸던 대학, 하버드 케네디스쿨에서 공공정책학을 전공했다. 그곳에서 뉴욕타임스 설즈버거 회장의 강연을 들었다. 텍스트 콘텐츠 제작의 매력을 느끼고 업으로 삼고 싶다는 생각을 했다. 2015년 퍼블리를 창업했다. '저자의 경험을 파는 텍스트와 크라우드 펀딩의 결합'이라는 아이디어였다. 하지만 텍스트 비즈니스는 머릿속에서 그렸던 그림과는 달랐다. 고통스러운 6년 피벗의 시작이었다.

• • •
크라우드 펀딩을 통한 고품질 텍스트

퍼블리는 6년 전, 불쑥 세상에 도전장처럼 〈세상에서 가장 큰 책 박람회, 책은 없다 - 2015 프랑크푸르트 북페어〉라는 리포트를 내면서 등장했다. 다음 해 칸 국제광고제 리포트도 선보였다. 크라우드 펀딩으로 후원자의 투자금을 모아, 해외 전시회 현장을 취재하고 그 내용을 리포트로 내는 방식이었다. 해외 전시회, 박람회뿐 아니라 '저자의 경험을 파는 다양한 텍스트'로 퍼블리 비즈니스 전선은 점점 넓어졌다.

스타트업 업계뿐 아니라 미디어 업계에서도 퍼블리는 화제를 모았다. 텍스트 콘텐츠가 포털과 블로그에서 무료로 뿌려지던 환경에서 스타트업이 텍스트 유료화에 도전장을 냈기 때문이다. 하지만 지속 성장의 벽은 높았고, 어느새 '크라우드 펀딩을 통한 고품질 틈새 유료 콘텐츠 제작' 모델에 대한 관심은 식었다. 퍼블리의 비즈니스가 대박을 쳤다는 이야기도 듣지 못했다. 잊혀지는 고통의 시간.

하지만 데스밸리를 지나 퍼블리는 2021년 7월 시리즈 B, 135억 원 투자 유치에 성공했다. 월 1만 원 내외의 구독료를 내고 이용하는 유료 구독자가 매월 30%씩 급증하고 3만 명을 넘어섰다. 월간 순 이용자는 10만 명이 넘는다. 지식 텍스트 콘텐츠가 아니다. 직장 경험과 취업 꿀팁을 알려주는 실전 교본 콘텐츠를 판다. 같은 비전으로 뭉쳤던 초기 팀원 상당수가 남았다. 피벗에 성공한 것이다.

창업은 벽을 깨는 일

2014년쯤, 하버드 케네디스쿨에서의 일이다. 뉴욕타임스 발행인 아서 옥스 설즈버거 주니어Arthur Ochs Sulzberger Jr. 회장이 학교를 찾아와 강연을 열었다. 박소령에게 그날 강연은 충격이었다.

"설즈버거 회장은 미디어와 콘텐츠 시장이 디지털로 움직이고 있고, 백 년 동안 회사를 지탱해왔던 지면을 포기하더라도 디지털 시장에 맞춰 NYT가 변해야 한다고 설명했습니다. 당시에도 60세가 넘었던 분이었는데, 열정적으로 긴 시간 동안 열변을 토했어요. 그 강연을 듣고 디지털 콘텐츠 시장의 매력을 알았죠."

어려서부터 신문 2~3가지, 주간지, 만화책을 읽던 박소령이었다. 텍스트 콘텐츠와 친숙했던 그는 텍스트 콘텐츠 시장에 큰 파고의 변화가 다가온다는 직감이 들었다. 그곳에 펼쳐질 미래가 궁금했다.

"처음에는 창업에 전혀 뜻이 없습니다. 한국으로 돌아온 직후에는 언론사 입사를 준비했죠. 기자가 아니라 신문사의 디지털 전략을 짜는 역할을 맡고 싶었어요. 그런데 이런 역할을 뽑는 회사는 없었습니다. 어떻게 할까 고민하다 지인 소개로 이재웅 다음 창업가를 만났어요. 제 이야기를 듣던 이재웅 님이 '제3의 길이 있다. 바로 창업이다'고 했습니다."

박소령은 '저는 창업할 수준으로 대단한 사람이 아니다', '아직 창업할 준비가 되지 않았다' 라는 대답으로 이재웅의 권유를 몇 번이나 뿌리쳤다. 이재웅은 '지금 미디어 시장을 바꾸려면, 시장을 둘러싼 벽을 부숴야 한다. 그건 밖에서만 가능하다. 그것이 창업이다'라는 논리였다. 이재웅의 설득, 박소령의 회피는 6개월이나 계속되었다. 결국 이재웅의 말은 박소령을 창업 결심으로 이끌었다.

"내가 사업을 20년 동안 해봤다. 사업의 성공은 운의 영향이 너무 크다. 네가 아무리 열심히 해도 망하는 것이 사업이다. 사업의 성과에만 매몰되면 스스로 불행하다. 하지만 문제를 해결하는 과정 자체에 충실한다면 사업은 충분히 할 만한 일이다. 네가 실패해도 언제, 누군가 콘텐츠 업계 혁신에 뒤늦게 도전할 것이다. 그때 네가 쌓아놓은 토대 위에서 한발 앞서 출발하게 되면 누군가 이 문제를 해결할 수 있다" 정작 이재웅 다음 창업가에게 당시 발언을 물어봤는데, 취지는 기억하지만 멘트 상세까지는 갸우뚱했다. 하지만 박소령 대표는 또렷했다.

박소령은 "완전히 속았어요"라고 했다. 멋진 이야기만 하기에는 사업이 너무 어렵고 힘들었던 것이다. 하지만 박소령은 힘든 순간마다 이재웅의 말을 곱씹고 견뎠다고 했다. 내가 실패해도, 누군가는 내가 쌓은 토대를 딛고 한발 앞에서 출발할 것이라는 믿음이다.

· · ·
거짓 희망을 끊는 것도 창업가만이 결정하는 일

퍼블리의 핵심 미션은 '정보와 지식의 격차를 줄여 정보와 지식의 사회 평균값을 올리는 것'이다. 400년 전 신문이라는 비즈니스가 생겼을 때 미션과 같다. 수세기 동안 인류가 매달렸던 일. 하지만 비즈니스 모델은 그때마다 달랐다.

"언론과 교육, 출판 모두 같은 미션을 가진 사업이죠. 격차를 줄이면서 사회 전체적인 평균값이 올라가는 일. 굉장히 매력 있어요. 그 수단이 누군가는 정치, 누군가는 커머스이기도 하죠. 저는 그걸 콘텐츠, 그것도 모바일과 플랫폼 시대에 새로운 방식으로 풀고 싶은 사람이고요."

퍼블리는 크라우드 펀딩 모델을 택했다. 처음에는 해외 콘텐츠를 한국에 소개하는 일에 집중했다. 뉴욕 서점에 책은 있지만 번역본은 없는 갈증을 해소하겠다는 목표였다. 칸 광고제 보고서, 워런 버핏 주주총회 후기를 온라인에서 유료로 파는 방식이다.

"저희 BM Business Model(사업 방식)에 반응하는 소비자는 아주 소수였습니다. 콘텐츠를 많이 소비하는 사람이요. 지금은 흔하지만,

크라우드 펀딩이라는 BM 자체도 당시에는 생소했습니다. 콘텐츠 결과물이 나오지 않은 상태에서 '기획서만 보고 돈 내세요'라는 설득 자체가 시장에 익숙하지 않았던 것이죠."

리더에게 곧 사라질 거짓 희망을 붙들고 있는 것보다 더 나쁜 저주는 없다.
- 윈스턴 처칠

박소령은 이 비즈니스 모델로는 넓은 시장으로 가기 어렵다는 사실을 2년 만에 알았다고 한다. 사실 한계 신호는 이전부터 이곳저곳에서 보였지만 눈을 감았을지도 모른다. 주변에서 들리는 혁신 비즈니스모델이라는 칭송, 텍스트 비즈니스의 미래라는 관심은 퍼블리를 한번 흔들었고, 박소령조차 휩쓸렸다. 그것이 거짓 희망이라면 끊는 역할도 오롯이 창업가의 몫이었다.

다만 가능성이 있는 다음 모델은 보였다. 구독 모델이었다. 엔터테인먼트 시장, 넷플릭스나 음원 시장에서는 구독 이용자가 서서히 늘어나고 있었다. 사람들이 '무엇인가를 정기적으로 돈을 내고 이용한다'는 습관에는 익숙해지고 있었다.

"구독 모델 자체의 가능성을 봤죠. 문제는 어떤 콘텐츠를 얹어야 구독을 유인할 수 있고, 어떻게 더 큰 시장으로 갈 수 있을까라는 고민이었어요. 2018년 구독 모델을 도입했고, 어떤 콘텐츠를 넣어야 유료 가입자가 폭발적으로 증가할지 여러 시도를 했습니다."

그러나 가격 설정에서 스텝이 꼬였다. 월 구독료 2만 1,900원. 퍼블리는 이 가격을 2020년 여름까지 유지했다. 정교하게 만든 것이 아니었다. 크라우드 펀딩 시절 1개 콘텐츠가 1~2만 원이었다. 1개 보는 가격보다는 비싸고, 2개보다는 싼, 애매한 가격을 박소령이 정했다.

3년의 시간 동안 구독자는 거의 증가하지 않았다. 누구의 잘못이었을까. 박소령은 자신의 잘못이었다고 말한다.

"개별 콘텐츠별로 크라우드 펀딩을 받을 때, 프로젝트마다 가격을 전부 다르게 했습니다. 유료 텍스트 콘텐츠, 아주 니치한 마켓이었거든요. 가격이 싸다고 더 사거나, 비싸다고 덜 사는 시장이 아닙니다. 가격 탄력성이 낮으니 비싸게 받았습니다. 그런데 구독 시장의 가격 탄력성과 니즈는 완전히 달랐죠. 탄력성이 높은 시장이고 가격에 민감한 시장이라는 걸 고민하지 않고 들어갔던 셈입니다."

결국 퍼블리는 2020년 여름 구독 서비스 가격을 대폭 낮추기 시작했고, 현재 월 9,900원 요금에 정착했다. 다행히 예측이 적중하여, 구독자와 이용자 수가 빠르게 증가했고 매출도 늘고 있다.

"오로지 저의 잘못입니다. 매출과 비용 구조 모두를 건드리는 결정을 누가 할 수 있을까요. 대표밖에 할 수 없는 결정을 겁이 나서 회피했던 것입니다. 지금은 '왜 그때 가격을 더 빨리 건드리지 않았을까'를 후회합니다. 대표의 결정과 역할이 무엇인지 배웠습니다. 물론 지금도 시행착오를 겪는 중입니다."

● ● ●

비타민에서 페인킬러로 진화하기

피벗의 과정에서 박소령과 퍼블리팀은 2019년, 새로운 시장의 페인 포인트를 찾았다. 회사에 입사한 직장인들, 특히 1~3년차 직장인들의 고통이다. 회의 준비, PT 준비, 시간 관리, 리포트를 써서 한 번에 통과하는 법들. 누구도 막 직장에 들어간 신입 사원에게 친절하게 가르쳐주지 않는 영역이었다. '야근 덜 하고, 일 잘할 수 있는 방법'을 알려주는 콘텐츠를 찾는 직장인 수요가 상당했다.

1~3년차 직장인들을 위한 '직장 꿀팁'을 출퇴근길에 5~10분 내로 읽을 수 있는 콘텐츠로 냈다. 반응이 좋았다. 취업을 준비하는 취준생들도 콘텐츠를 찾았고, 5~10년차 팀장급들도 같은 페인 포인트가 있었다. 따로 신입사원 교본이 없는 회사들은, 퍼블리 콘텐츠를 보여주면서 '읽고 참조하세요'라고 후배들을 교육했다.

"과거에는 지적 사유, 지적 즐거움을 많이 소비하는 고객에게 새로운 콘텐츠를 제공하는 모델이었습니다. 하지만 지금은 소비자의 명확한 고통, 페인 포인트를 해결하는 모델이 됐습니다. 비타민에서 페인킬러가 된 것이죠."

비타민과 페인킬러는 달랐다. 비타민은 없어도 되는 것, 다만 있으면 삶에 '플러스'가 되는 영양분이었다. 페인킬러는 명확했다. 당장 아픈 것, 진통이 있고 그 진통을 내려야만 했다. 명확한 수요층을 타깃으로 삼았더니 월 이용자와 매출이 가파른 상승세를 탔다.

풍부한 직장 경험이 있는 콘텐츠 제작자는 밖에서 찾았다. 외부의 필자를 찾는 일, 그리고 그걸 상품화하고 모바일 플랫폼을 통해 기술적으로 유려하게 구성하는 일. 퍼블리가 '가장 잘하는 일'이었다. 초기 크라우드 펀딩을 통한 지식 콘텐츠 때부터 해왔던 일이기 때문이다.

"외부 작가는 본인 경험이 있는지, 경험을 바탕으로 메시지를 뽑아낼 수 있는지를 봅니다. 이력, 소셜 미디어의 글 등을 확인해서 알맹이 있는 작가를 찾죠. 상품화는 저희가 전문가니까요. 1명의 작가에게 2명의 팀원이 붙습니다. 현재 300명이 넘는 작가가 퍼블리에서 활동 중입니다."

현재 퍼블리 사용자는 25~39세 직장인이 약 80%를 차지한다. 40대

이상이 5~10%, 25세 미만의 대학생이나 취준생도 퍼블리를 이용한다. 퍼블리는 2020년 말 '커리어리'도 출시했다. 직장인을 위한 소셜 네트워크 서비스, 일종의 한국판 링크드인이다.

"퍼블리 콘텐츠 구독이 잘 되기 위해서는 최상단에 소비자들을 모으는 접점, 커다란 입구가 필요합니다. 입구가 커리어리입니다. 여기서 다른 서비스로 이동할 수 있죠. 예컨대 커리어리의 구독 이용자가 조금 더 깊이 있는 경제 콘텐츠를 원할 때는 퍼블리 멤버십을 구독합니다. 최상단에서 고객들을 모으고 점점 그들을 퍼블리의 다양한 콘텐츠로 유인시키는 것. 그것이 커리어리 출시 이유입니다."

창업 초기 퍼블리의 비전 '텍스트 지식 콘텐츠를 새로운 방식으로 판다'는 모델은 완전히 바꿨다. 퍼블리는 사실상 '개인의 커리어를 관리해주는 플랫폼'에 가까워졌다.

"가치 있는 텍스트 콘텐츠를 돈을 내고 사서 보는 시장은 더욱 커질 겁니다. 영상, 만화, 소설 등 너무 많은 콘텐츠가 범람합니다. 정말 가치 있는 콘텐츠를 누군가 추천해주고, 고객의 시간과 에너지를 절약해 준다면 돈을 내는 사람들은 있습니다. 퍼블리는 이 시장을 따라가면서 피벗을 했습니다. 구체적인 비즈니스 모델은 조금씩, 때로는 크게 바뀌었습니다. 다만 창업 팀 미션은 여전히 같습니다. '지식과 정보의 격차를 줄이는 일'이요."

박소령은 사업을 하면서 즐거운 점, 두 가지를 꼽았다. 하나는 팀원들의 성장을 지켜볼 때다. 둘째는 고객이다. 고객 리뷰가 박소령의 비타민이다. 아니, 그에겐 페인킬러일지도 모른다.

"3년 이상 근무한 팀원이 10명쯤 됩니다. 제가 개입하지 않아도 의사 결정을 잘하고 있고, 미션과 비전을 잘 이해하고 있습니다. 고통을 나눌 수 있는 동료들이 있다는 인간적인 즐거움이 큽니다. 오늘도 우리가 만드는 서비스가 누군가의 인생에 도움이 되고 있구나. 그 사람들이 진심으로 퍼블리 서비스를 좋아하고 기꺼이 돈을 낸다는 것을 알았을 때, 사업할 맛이 나죠."

• • •
피벗은 원뿔 모양의 회전축

피벗의 사전적 의미는 원뿔 모양의 회전축이다. 회전하는 물체가 쓰러지지 않도록 지탱하는 중심축인 것이다. 농구에서 피벗할 때 한 발을 지면에 디디고 그 축으로 돈다. 그 한 발을 떼면 안된다. 스타트업에서는 피벗이란 단어를 비즈니스 모델 전환이라는 의미로 사용한다. 결국 조직이 아무리 빙빙 돌아도, 그 조직이 쓰러지지 않도록, 지면에 발을 디디고 버티는 창업가를 뜻하는 게 진짜 피벗의 뜻은 아닐까. 회전축이 무너지면 피벗도 거기까지다. 창업가가 포기하는 순간, 스타트업의 피벗도 멈춘다.

"매일 밤 12시쯤 일과를 마치고 석촌호수 주변 3km를 뜁니다. 20분 정도 걸리고 땀이 나요. 맥주 한 잔을 마시고 2시쯤 잠들었다가 8시에 일어나, 또다시 일과를 시작합니다. 정신 건강을 위해 뜁니다. 결국 회사의 모든 의사결정에 대한 책임은 창업자가 지는 것이며, 결정의 퀄리티를 높이기 위해 건강과 멘탈을 지킵니다. 잠실과 삼성동 사무실을 오가며, 정말 수도승처럼 삽니다."

일문 일답

퍼블리 박소령의 난관과 달리기

창업에서 제일 어려웠던 난관은요.

매일매일이 난관이라, 무엇부터 꼽아야 할지 잘 모르겠는데요. 다만, 점점 맷집이 커져가는 것 같습니다. 퍼블리 초기에는 고객분들에게 보낸 이메일에 에러 하나만 있어도 이거 어쩌지 하던 시절이 있었어요. 그 시절에는 가장 큰 난관이었어요. 지금의 가장 커 보이는 난관도 1년만 지나서 보면, '아 그거 아무것도 아니었는데'라고 할 것이라고 생각합니다.

맷집이 커져갈 수 있는 이유는 2가지인데요. 첫 번째는 저희 팀 덕분입니다. 저와 회사 초기부터 계속 함께 일하고 있는 세 분(CPO/CTO 이승국, 영상사업을 총괄하는 박소리, 회사 전체 운영을 담당하는 정소희)이 있고, 또 사업이 확장되면서 각 사업별, 기능별로 든든하게 책임을 맡아주고 계시는 리더분들도 있고요. 사업 초기에는 혼자 모든 고민을 싸매고 있던 시절도 있었는데, 신뢰하는 멤버들과 회사의 미래와 현재에 대해 계속 솔직하게 대화하며 문제를 풀어나가는 과정에서 할 수 있다는 자신감이 생기더라고요.

두 번째는 결국 개인의 멘탈 관리가 중요하다고 생각하는데요. 멘탈이 좋으려면 신체적인 건강도 굉장히 중요하고요. 저는 1년 반 전에 시작한 달리기가 큰 도움이 되었습니다. 퇴근 후 밤에 달리기를 하는데, 달리면서 점점 기록이 좋아지다 보니 만족감도 크고(달리기 지표가 우상향되고 있다! 라는 기쁨) 실제로 건강해지기도 하고요. 달리기를 하면서 심신의 안정과 평화를 얻다 보니 자신감으로 이어지고 어떻게든 되겠지, 라는 낙관주의도 계속 높아집니다.

07

캐플릭스:
12번의 창업, 몇 번의 실패와
몇 번의 엑시트, 그의 카타르시스

샤워기 물을 맞는데 약간 두려운 느낌과 자유로운 느낌이 만나는 지점에서
카타르시스였는지 뭐였는지 갑자기 눈물이 펑펑 쏟아지는 거예요.
카카오 창업가 김범수[12]

창업가의 DNA를 단지 도전 정신이라고만 단언할 수 없다. 하늘 아래

새로운 것은 없다. 애플의 아이폰 이전에도 PC와 같은 성능을 갖춘 휴

대폰이란 개념이 있었고, 심지어 PDA라는 제품으로 꽤 팔렸다. 애플이

2007년 아이폰을 출시한 이후에 똑똑한 휴대폰Smartphone에 대한 개념

이 퍼지자, 삼성전자는 옴니아라는 자칭 스마트폰을 내놨다. 하지만 모

바일 산업이라는 업의 길을 연 이는 오직 스티브 잡스 혼자였고 다른 이

는 추종자였을 따름이다.

　새로움을 여는 이, 그들을 창업가라고 정의한다면 김범수 카카오 의

장이 느꼈다는 카타르시스는 창업가의 본성일지 모른다. 두려움을 뚫

고 자유로움을 찾는 사람이다. 눈물이 펑펑 쏟아질 정도의 두려움, 그리고 등가의 자유로움이다.

캐플릭스의 윤형준 창업가는 30대 때 창업을 실패했고 바닥을 경험했다. 전봇대에 홍보지를 붙이면서 또 창업했다. 재력가 부모 찬스는 없었다. 소위 명문대 선후배의 조언도 없었다. 흔쾌히 투자하겠다는 마음 좋은 벤처캐피털도 실패의 나락에 선 그에겐 없었다. 하지만 그는 12번 창업했다. 윤 대표는 "평생 스타트업 창업을 할 수 있을 것 같다. 돈을 벌면 엑시트는 할 수도 있지만, 또 스타트업을 창업하겠다. 창업하면 도파민이 나온다"고 했다.

실패의 두려움을 모르는 건 아니다. 실패는 누구에게나 무섭다. 김범수 카카오 의장이 말한 두려움이 이 정도니 말이다. "생존이 달린 문제였으니까 밤잠을 설칠 수밖에 없을 정도의 압박감이 있었어요. 더구나 저는 사채를 써서 사업을 시작했으니까 여기서 망하면 한강에 뛰어들겠다는 절실함으로 일했어요. (…) 진짜 목숨 걸고 하지 않으면 성공하기 힘들어요."[13]

캐플릭스
윤형준

• • •

1975년생. 제주도에서 태어나 제주대 회계학과를 졸업, 무작정 상경했다. 창업과는 그다지 연관이 없는 학과다. 이끌어줄 멘토가 있었던 것도 아니다. 그냥 창업이 하고 싶었다고 했다.

12개의 법인을 세웠다. 대부분 망했다. 장기 매매 계약서를 써야 할 정도로 벼랑 끝에 서기도 했다. 하지만 또 창업했고 지금도 스타트업을 운영하고 있다. 모빌리티 혁신의 시대라고 타다부터 카카오까지 숱한 강자가 등장했지만 사실 숨은 강자가 있다. 캐플릭스는 렌터카 공유 시장의 한국 최대 스타트업이다.

존경하는 스타트업은 파타고니아(미국에 본사를 둔 친환경 아웃도어 의류 브랜드), 존경하는 창업가는 이본 쉬나드. 좋아하는 책은 《파타고니아, 파도가 칠때는 서핑을》. 주로 입는 옷도 파타고니아다. 윤형준은 "아직 매출은 작지만 그래도 수익 일부를 제주도 환경 보호를 위해 기부한다. 돈을 벌고 나서 기부하는 건 누구나 하지만, 어려울 때 기부하는 게 진짜 아니냐"며 "제주도에 놀러오실 때 '제로 웨이스트'를 항상 생각해달라"고 했다.

두려움을 뚫고 자유로움을 찾는 사람

윤형준에게 해선 안 될 질문이란 게 있을까. "카이스트도 서울대도 아닌 지방대 출신이고, 심지어 고향도 한국에서 가장 인구 적은 곳이잖아요. 그러니까….' 질문을 하려다 멈칫할 수밖에 없다. 상처 입을지도 모르니까, 창업가도 상처를 입으니까. "윤 대표님은 스타트업 창업판의 아웃사이더 아닌가요."

한국의 대표 창업가들은 다들 학벌이 좋다. 네이버의 이해진 창업가는 서울대 컴퓨터공학과, 쿠팡의 김범석 의장은 하버드, 크래프톤 장병규 창업가는 카이스트. 익명의 대형 벤처캐피탈의 대표는 "카이스트나 서울대 출신에다 컴퓨터를 전공한 창업가를 선호하는 건 사실이다. 성공 확률이 훨씬 높으니까. 본인이 직접 코딩하고 가설을 입증할 수 있는 역량을 무시하기 어렵다. 해외도 스탠퍼드대 출신 창업가가 압도적으로 펀딩에 유리하다"고 말한다. 윤형준도 풍토를 너무 잘 안다. 다행히 윤형준은 활짝 웃는다.

"제주도 태생이죠. 제주대 회계학과 나왔고요. IT 전공도 아니에요. 졸업하자마자 서울로 올라와 동대문 새벽 시장에서 일했어요. 사입삼촌 따라다니면서요. 그게 제일 빨리 돈 번다고들 했어요. 과일 장사도 했어요. 법인만 열두 번 세웠죠. 망한 것도 많고 매각한 회사도 있고요."

'12번의 창업, 몇 번의 실패를 겪고 몇 번의 엑시트를 성공시킨, 연쇄
창업가'인 윤형준의 서울말에는 제주도 사투리가 묻어났다. "몇 번은
복싹 망해찌요(폭삭 망했어요)"라는 식.

"지방의 핸디캡이 있죠. 등한시한다고 해야 할까요. 사실 넥슨이
나 카카오가 제주도로 왔다곤 하지만, 세금 아끼려고 왔을 뿐입
니다. 제주도 스타트업에 별 도움은 안됐죠. 지방의 불리함은 정
보, 연결, 교류, 인맥, 그리고 무엇보다 시장 사이즈가 작다는 점.
제주도에서 잘한다고 해봐야, 시장이 기껏 요만큼밖에 안되는데
뭐가 대단하겠어라는 식이죠. 벤처캐피털이나 액셀러레이터(스
타트업 초기 창업 지원 및 투자 전문사)에 제주도 스타트업이 IR Investor
Relations(투자자들을 위한 기업 설명 활동) 보내면 어떤 분은 '보내지
마세요'하기도 하고, 보내도 안 읽는 분도 많아요."

1세대 창업가의 대표격인 김정주 넥슨 창업가나 이재웅 다음 창업가,
김범수 카카오 창업가 등 많은 사람이 제주와 연결 고리를 갖고 있다.
넥슨의 지주회사인 엔엑스씨와 카카오(다음과 카카오의 합병 법인)의 본사
는 제주도에 있다. 넥슨 박물관도 제주도에 있다. 하지만 제주도 스타트
업 생태계와 별다른 교류는 없다.

"솔직히 서울 스타트업과 지방 스타트업이 뭐가 다른가요. 쿠팡이 츠도 결국 서울의 일부인 강남에서 서비스의 가설 테스트하고 점차 전국으로 확장하지 않았나요. 제주도 스타트업이 제주도에서 가설 확인하고 육지 올라오는 게 이상한가요. 충분히 의미 있는 가설인데도 단지 지방에서 시작하면 별거 아니라고 취급받는 게 맞는지 모르겠어요."

• • •

쏘카와 타다는 아는데,
제주패스와 캐플릭스는 아무도 모른다

캐플릭스는 단기 렌터카 공유 플랫폼이다. 제주패스라는 이름으로, 제주도에서 등장한, 국내 최초의 렌터카 공유경제 스타트업이다. 2020년 매출은 243억 원이고 2021년은 2~3배 이상이다. 지난 3년간 쏘카, 타다, 콜버스, 반반택시 등 엄청난 유명세의 차량 공유 스타트업들이 등장했지만, 캐플릭스는 사실 생소하다. 투자 유치금도 23억 원(누적, 2021년 6월 기준)에 불과하다. 연간 6조 원의 돈이 스타트업으로 흘러들고, 조금의 성과만 보여도 수십~수백억 원이 몰리는 스타트업 붐 시대라는데 작은 액수다.

이유는 의외로 단순할지 모른다. 캐플릭스가 서울에서 서비스하지 않았기 때문이다. 캐플릭스는 '제주패스'라는 브랜드로, 제주도의 단기 차량 렌터카 공유 시장을 평정했다. 서울에서 보면 변방인 셈이다. 제주발 스타트업 캐플릭스는 제주에서 서울로 사업을 확장하고 있다. 제주도에서 가설 확인한 비즈니스 모델을 서울과 전국으로 가져가겠다는 것이다.

"과거 수십 년간 전화 예약에 의존했던 기존 렌터카 업계의 정보 비대칭성을 2015년 국내 최초 실시간 예약 론칭으로 깼고, 5년이 지난 지금 누적 거래액 1,100억 원과 누적 매출 800억 원을 달성했습니다.

회원수 120만 명의 공유경제 스타트업인데도 캐플릭스를 아는 사람은 거의 없습니다. 쏘카는 아시죠. 하지만 쏘카는 진정한 의미의 공유경제가 아니에요. 다른 사람이 보유한 자산을 공유하는 방식이 아니라 직접 1만 2,000여 대의 차량을 보유하고, 전국 각 지점에서 24시간 미만의 초단기로 이용자에게 빌려주는 방식이죠. 본래 쏘카도 차량 공유를 하고 싶었지만, 법률의 벽에 막히는 바람에 우회했어요."

국내에서 개인 소유의 차량을 빌려주고 돈을 받는 행위는 불법이다. 쏘카도 처음엔 개인의 차량을 다른 개인에게 6~8시간 임대하는 플랫폼을 하려다가 막히자, 직접 차량을 구매했다. 윤형준의 지적대로 쏘카는 더는 공유경제라는 타이틀을 말하긴 어렵다.

"하지만 캐플릭스는 제주패스와 모자이카라는 2개 브랜드로 각각 제주와 내륙에서 공유경제를 하고 있습니다. 예컨대 제주도의 렌터카 공유 브랜드인 제주패스는 제주도 렌터카 업체 85곳이 보유한 1만 8,000여 대의 자동차를 120만 회원에게 빌려주는 방식입니다. 제주도이다 보니 주로 2박 3일 같은 단기 렌터카죠. 제주도의 단기 렌터카 시장 1위입니다. 모자이카는 제주패스에서 진화해, 전국으로 진출했어요. 서울을 포함한 내륙에서 240여 중소기업들이 참여, 그들이 보유한 1만 5,000여 대를 공유합니다. 제주처럼 단기렌탈도 있긴 하지만 구독 메뉴는 6개월, 1년 단위의 중장기 기간을 빌려주고 매달 사용료를 받는 구독 방식이죠. 중간에 차를 원하는 대로 바꿀 수도 있어요.

쏘카와 비교하면 명확하지 않나요. 공유경제가 아닌 쏘카는 매년 엄청난 감가상각과 추가 차량 구매 비용을 떠안죠. 반면 공유경제인 모자이카는 감가상각이 없어요. 미국 숙박 공유 에어비앤비가 집을 한 채도 보유 안하고 집을 빌려주고, 감가상각이 없는 것처럼요."

···

대기업이 꽉 잡은 장기 렌터카 시장에서 찾은
30대 남자의 페인 포인트

렌터카는 대기업이 장악한 시장이고, 딱히 스타트업이 뛰어들어 문제를 해소할 '페인 포인트'가 보이지 않는다. 필요한 사람이 차량을 빌리는데, 누가 불편함을 느끼겠는가.

"렌터카 시장이란 표현을 쓰다 보니, 많은 분들이 혼동스러워 해요. 우리나라 렌터카 시장은 장기(연 단위 계약), 중기(달 단위 계약), 단기(일 단위 계약), 초단기(24시간 미만 계약)로 나뉘고 각각 시장이 달라요. 대기업이 꽉 잡고 있는 시장은 8조 원 정도 하는 장기 렌터카 시장이에요. 대기업이 하는 장기 렌트 사업은 대개 새 차를 4년 렌트하고 매월 돈을 내죠. 렌트라기보다는 리스에 가까워요. 4년 쓰고, 다시 그 중고차를 인수하는 소비자도 많고요.

그 밑에 중기 렌터카와 단기 렌터카 시장이 있어요. 초단기는 쏘카가 잡는 분위기고요. 중기와 단기 렌터카 시장은 대략 1조 원 안팎인데 1,100개 이상의 중소기업들이 경쟁하는 곳이죠. 다들 중소기업이니, 열악한 상황에서 분투하고 있어요.

페인 포인트는 대기업이 장악한 장기 렌터카에서 발생해요. 40대 소비자들은 자동차를 자산으로 여기고, 대기업의 장기 렌터카 모델에도 불편이 없었죠. 하지만 요즘 30대는 굳이 보유하지 않고, 좋은 차를 바꿔가면서 구독하고 싶어 하는 이용자가 적지 않아요. '차는 쓰다 버리는 건데, 왜 소유해야 하나. 왜 장기로 한 가지 모델만 써야 하나' 이런 의문이죠. '세단 타다가, 여행 갈 때는 SUV를 타보고 싶고, 브랜드도 국산이나 외산, 이것저것 모두 타보고 싶은데'라는 30대의 니즈가 있어요.

대기업들은 신차를 판매하는 방식의 하나로 장기 렌트를 바라보니, 이런 고객의 페인 포인트에 굳이 투자하려고 하지 않아요. 캐플릭스는 제주도에서 제주패스의 성공을 바탕으로, 페인킬러를 하려고 모자이카라는 서비스를 내놨습니다. 모자이카는 구독 기반이기 때문에 한 달 단위로 차량을 바꿔줘요. 차박을 가는 달에는 SUV로 바꾸면 되죠. 물론 단점도 있어요. 신차는 아니에요. 구독은 중고일 수밖에 없죠. 벤츠에서 BMW까지 250종이 있는 건 강점이고요."

· · ·

렌터카의 야놀자, 생뚱맞게도 생존의 비결은 ERP

자동차를 구독한다, 외신에선 많이 등장하는 이야기다. 하지만 정말 한국에 그런 소비자가 등장할까.

"초기이긴 하지만, 벌써 꽤 가입했습니다. 특징은 뚜렷해요. 이용자의 절반은 20대 후반, 나머지 절반은 30대 초반입니다. 거의 전부가 남자입니다. 대학 졸업하고 이제 직장은 잡았는데, 새 차 뽑는 데 수천만 원을 쓰기보다는, 구독으로 자동차를 타는 이용자들입니다. 소유가 아닌, 이용을 하는 거죠. 막 시작한 단계라서, 아직 차량을 교체하는 사례는 많지 않고요. 자동차 구독 모델의 부재라는 게, 정말 많은 30대 안팎 남자 소비자들의 페인 포인트였는지, 현재 가설을 검증하는 단계라고 봅니다.

대기업 렌터카 업체들은 현재와 같은 리스와 비슷한 장기 렌터카에서 바꾸려고 하지 않죠. 그게 쉽게 돈을 버는 방식이라고 보니까요. 그 탓에 소비자의 페인 포인트는 해소되지 않은 채 있다고 봅니다."

뻔히 보이는 페인 포인트라면, 그동안 왜 아무도 도전하지 않았을까.

"중소 렌터카 시장의 열악한 환경 때문일 가능성이 크죠. 예컨대 1,100여 중소 업체들이 50만여 대의 렌터카를 보유하고, 단기와 중기 렌터카를 해요. 중소기업이다 보니 제대로 된 ERP가 갖춰진 곳이 없어요. 중소 렌터카 기업들은 ERP가 없으니, 예약은 모두 전화로 받아야만 해요. 만약 앱으로 올리면 어떻게 되겠어요. 한 대의 멋있는 벤츠를 올려놨고 이용자 10명이 보고 있어요. 한 명이 클릭해 렌트 신청을 하면, 나머지 9명한테는 '마감'이라고 실시간으로 고지해야죠.

이 문제를 해결해줄 수 있는 기술이 ERP입니다. 이조차 없다 보니, 지금도 중소 렌터카에서 차를 이삼일 빌리려면 전화로만 가능한 곳이 적지 않아요. 아무리 기술이 발할한 인공지능의 시대라지만 중소기업들로선 막대한 투자금을 지불하기 어렵죠.

ERP는 대략 10억~20억 원 정도 투자해야 하고, 1~2년 정도 걸립니다. 또 여러 중소기업이 참여하다 보니, 대기업 한 곳에서 쓰는 ERP보다 복잡하고요. 예컨대 현재 시스템에선 240여 중소기업이 보유한, 수만 대의 차량을 무작위로 누군가 선택하면, 실시간으로 다른 사람에게는 닫혀야 하죠.

모자이카는 수십억 원 하는 ERP를 독자 개발했기 때문에 수백 곳의 중소기업 차량을 하나로 묶는 플랫폼을 할 수 있었습니다. 각각의 중소 렌터카 업체는 영세하다 보니, 독자 앱도 없고, ERP도 없고, 마케팅할 여력도 없고, 연구개발도 없었죠. 반면 모든 능력이 있는 대기업들은 돈 되는 장기 렌터 시장을 본인들 입맛에 맞게, 소비자의 니즈에 둔감한 채로 장악하고 있었고요. 모자이카는 중소 기업을 하나로 모아 대기업과 경쟁하려는 시도입니다."

12번의 창업, 그때 쌓은 기술이 되살아나

캐플릭스가 자부하는 '대기업 못지않은 ERP 기술'은 사실 '12번의 창업 덕분'이다. 한번의 창업, 그리고 곧 이은 성공과 같은 스토리는 주변의 스타트업을 아무리 수소문해봐도 거의 없다. 모든 실패가 성공의 밑거름이 되지도 않는다. 실패에서 성공을 배우는 이는 소수에 불과하고, 그들만이 생존자이다. 캐플릭스 윤형준이 '모자이카' 프로젝트를 시작할 수 있던 것도, 제주패스라는 렌터카 비즈니스를 제대로 굴릴 수 있던 것도 그가 소수의 일원이기 때문이다.

"12개의 법인을 세웠다고 했잖아요. 그중에 신라호텔과 인연이 있었어요. 아고다와 같이 한창 호텔 예약 서비스가 등장할 때 신라호텔이 자체 투숙 서비스 이외에 글로벌 온라인 호텔 부킹 서비스에도 방을 올리려고 했어요. 당시 신라호텔이 찾아보니, 국내에 마땅한 개발사가 없었고 운 좋게 저한테 프로젝트가 왔죠. 덕분에 ERP라는걸 꿰뚫게 됐고 이후에 롯데호텔 등 다른 호텔에도 공급했어요.

모자이카도 이런 ERP 기술을 기반으로, 렌터카 ERP를 확보한 셈이죠. 더 쉽게 보자면, '야놀자'와 마찬가지예요. 전국의 모텔을 하나로 묶고 있잖아요. 각각의 모텔은 열악한 자본력으로, 독자

ERP는커녕, 제대로 마케팅도, 연구개발도 못하죠. 야놀자가 하나의 플랫폼으로, 이런 중기의 약점을 보완했어요. 모자이카는 같은 모델을 중기와 단기 렌터카 시장에서 적용합니다. 참, 애초에 '제주패스'라는 아이디어도 신라호텔 부장님한테 얻은 거예요. 어느 날, 그 부장님이 '윤대표, 제주도 출신이지? 렌터카를 예약하려는데 왜 전화로만 예약하라는 거지. 너무 낙후했다. 그래서 제주도가 욕먹는 거 아냐'라고 하더라고요. 알아보니, 제주도 렌터카 업계는 다소 기형적인 상황이었습니다."

· · ·

극심했던 제주도 렌터카 바가지 요금,
어느 순간 줄어든 이유

솔직히 제주도는 너무 비싸다. 해외여행만큼이나 비용이 든다. 그중에도 렌터카 바가지는 유명해 청와대 국민청원까지 등장했다. 하지만 1~2년 새 거의 사라졌다. 바가지를 없애는 것도 혁신이다.

"제주도 렌터카 업계는 2박 3일 이런 식의 영업인데 수백 곳이 난립해요. 다들 영세해요. 이렇다보니 딱히 마케팅이란 것도 못 하잖아요. 직접 전화 온 곳만 받는 데다가, 성수기 때는 바가지 요금이 판을 쳐요. 렌트 요금은 하루에 몇 천 원이라고 고객을 유인해놓고, 막상 제주도 내려와서 차량을 인수하려고 하면 보험료가 하루 9만 9,000원이란 식이에요.

현장에선 너무 화가 나지만, 그렇다고 취소할 수도 없죠. 어쩔 수 없이 결제하더라도, 제주도를 얼마나 욕하겠어요. 심지어 그때 청와대 국민청원에까지 제주도 렌터카 문제가 올라왔어요. 렌터카 하는 고향 선후배에게 '이건 바꾸자'고 했더니, '네가 서울에서 사업해서 그렇다. 한철 장사인데 성수기 때 제대로 못 벌면 운영이 안된다'는 답이 오더군요. 고향 욕먹지 않게 하자고 렌터카 플랫폼 사업을 시작했고, 가격표에 보험료를 공개했어요. 처음에는 제주도 업체들은 참여하지 않았고, 동창과 친구들 5곳이 도와주는 셈치고 플랫폼에 들어왔어요.

근데 플랫폼에 보험료 정가로 올리자, 예약률이 급증하고 대박이 났어요. 그러자 다른 렌터카 업체들도 참여했고요. 지금은 제주도가 렌터카 때문에 욕먹는 일이 부쩍 줄었죠. 아직도 제주도 렌터카 시장의 상당 부분은 여행사를 통한 계약이에요. 여행사에서 패키지로 고객을 확보하면서 렌터카도 제공하는 식이죠. 열악해서 ERP가 안 갖춰져 있다 보니, 여전히 전화 예약만 받는 곳도 많아요. 아직 바가지 요금이 모두 사라졌다고 볼 수도 없고요. 전화 같은 비실시간 예약의 경우 정보 비대칭성 원리가 작용하여 전화할 때마다 렌터카 가격이 달라지고, 특히 차량 인수하면서 현장

결제할 경우 또 추가 보험료가 들어요. 많이 안타깝죠."

· · ·

제주도 아웃사이더의 열두 번 창업

사실 제주패스도 성공 스토리로 보이지만, 여전히 진행형인 도전일 뿐
이다. 제주도 출신의 창업가가 가장 큰 성공은 제주도에서 했으니, 제주
도가 그에게 행운을 준 아름다운 에피소드일까.

"제주도에서 제주패스를 도전하고 바로 성공한 건 아니에요. 사실
한 번 실패했죠. 제주도의 렌터카 브랜드가 왜 제주패스겠어요.
이상하지 않나요? 본래는 렌터카가 아니라, '제주도라는 도시를
커버하는 관광 패스'로 시작했어요. 호텔 ERP로 서울의 사업이
안정됐을 때쯤 일본 오사카를 갔다가 오사카패스를 봤어요. 여행
객이 오사카패스 한 장만 들고, 버스도 타고 30여 관광지도 들어
가고 할인도 받는 편리한 방식이죠.
알고 보니 유명 관광지마다 패스가 하나씩 있어요. 제주도에도
있으면 좋겠다고 생각했고, 서울에서 모은 돈도 있고 제주도로
내려왔어요. 그게 8~9년 전이에요. 버스회사 사장님 만나고, 민간
관광명소 사장님, 맛집과 카페 사장님, 이렇게 다 만나면서 한 곳

씩 제주패스에 넣었죠.

근데 실패했어요. 제주도청이 '노No'했어요. 성산일출봉, 한라산과 같은 유명 관광지는 대부분 공영관광지이고, 제주도청이 관리해요. 2015년에 망하고 접었어요. 10억여 원 손해봤죠. 그때 제주패스를 렌터카 플랫폼으로 바꿨어요. 피벗이죠.

교훈이요? 절대 공공과 연관된 아이템은 창업하지 않는다. 불확실성이 너무 크기 때문에요. 소비자가 원한다고 해도, 공공은 (문제 해결에) 관심이 전무할 수도 있다는 사실을 배운 거죠."

• • •

좋은 창업 아이템이라는 것은 존재하지 않는다
창업가는 실행하는 사람

윤형준은 "스타트업 창업, 이건 평생 할 수 있을 것 같다"고 말한다. 돈을 벌면 엑시트는 할 수도 있지만, 또 스타트업을 창업할 것이라고 한다. 창업하면 도파민이 나온다고. 그에게 법인을 12번이나 세운 연쇄 창업가이니, 이젠 좀 쉬고 싶지 않냐고 물으면 답변은 주저없다.

"과거에 세운 법인 중에 퀴즌닷컴과 과일박스는 폐업했고, 쭈니닷컴과 블루웨이브컨설팅, 윤앤컴퍼니는 엑시트 성공했어요. 회사가 망하면 쉽지 않습니다. 20년 전에 인터넷으로 신청하면 아침에 과일 박스를 가정집에 배달하는 사업을 했어요. 요즘으로 치면 새벽배송 같은 콘셉트요. 3만 원 주면 계절 과일 4종을 배달하는 식이죠. 새벽에 가락동에서 과일 떼 와서 포장하고 6시부터 서울의 삼성동, 역삼동 이런 곳에 배송했어요. 딱 망하니까, 논현동 반지하에 PC 2대가 남더라고요.

전봇대에 '홈페이지 10만 원 제작' 전단지를 붙였어요. 오징어 다리에 전화번호 뜯어가는 거요. 그때 웹디자인 학원 다니면서 개발을 배우고, 홈페이지 만들어주고 했어요. 좋은 창업 아이템을 캐치하는 것보다, 실행이 빠른 게 노하우라면 노하우예요. 관찰을 많이 하고요. 쉬고 싶지 않냐고요. 지금도 월화수는 서울, 목금토는 제주도에서 일해요. 돈을 벌려고만 했으면 힘들겠지만, 재밌으니까 할 수 있어요. 고객이 열광하는 걸 보면, 뇌에서 도파민이 나와요. 그 쾌감이 너무 좋아서 안 지쳐요. 스타트업 창업, 이건 평생 할 수 있을 것 같아요."

캐플릭스 윤형준, 노동의 몰입

오징어 다리 전단지 붙였다는 10만 원짜리 개발사업의
성장기와 엑싯 스토리가 궁금해요.

20년 전 '과일박스'라고 고객님들 출근 전 책상 위에 신선과일을 먹기 좋게 포장해 배송하는 '과일 섭스크립션' 사업을 했었지요. 당시에는 큰 인기를 끌었습니다. 그런데 야쿠르트 아줌마와 녹즙 주스 아줌마들이 시장을 잠식하는 저를 구청에 식품위생법 위반으로 고소해 망했던 기억이 나네요.

이후에는 먹고살기 위해 저가 홈페이지 사업을 선택하였고, 홈페이지를 만들 줄 몰라 IT 학원을 다니면서 웹디자인과 웹개발을 배웠습니다. 마케팅비 또한 없어서 전봇대에 오징어 다리 전단을 붙여서 영업했고 한 달에 30개 홈페이지는 만들어야 최소한의 생활비를 벌기 때문에 하루 4시간씩 잠을 자면서 일했고요.

지방에서 올라온 촌놈이 서울에서 살아남기 위해 할 수 있는 첫 번째 방식은 완전히 노동에 몰입하는 것이었습니다. 그러나 어느 순간 내 회사가 지식경제 기반으로 탈바꿈하지 않으면 안된다, 라는 생각을 했고 이후 각종 세미나에 참석하고 많은 책과 신문을 보면서 노동 최적화에서 지식 최적화 기업으로 바꾸었습니다.

그 이후 100만 원 홈페이지, 1,000만 원 홈페이지도 수주하고 나중에는 1억, 10억, 30억 원짜리 대규모 홈페이지, 플랫폼 등 입찰에도 참여해 국내 최고의 웹에이전시 회사 중 하나가 되었죠. 이 과정에서 일반 홈페이지/플랫폼 구축이 기본 모델이었던 '쭈니닷컴'은 외부 투자자들에게 매각했고 국내 메이저 호텔 구축 전문 웹에이전시로 성장했습니다. 이때 호텔들이 필수적으로 필요로 하는 호텔 전용 ERP(오페라 ERP)를 접하고 경험하면서 렌터카 실시간 ERP를 만들 수 있는 경험과 인력을 확보했습니다.

08

현금 1억 원의 가치를 묻는
배달의민족

"김봉진 의장이 요즘 1억 원 들고 다닌다는데….” 2021년 초 스타트업 창업가들 사이에 쫙 퍼진 소문. 요지는 배달의민족을 운영하는 우아한 형제들의 김봉진 창업가가 될성부른 스타트업에 개인 현금으로 1억 원씩 묻지마 투자를 한다는 것이다. 김 의장을 만나, 잘만 보이면 1억 원은 찜한 것이라는 식. 돈 좀 번 김 의장이 더 큰 돈을 벌 포석을 까는 걸까. 배민의 김봉진 창업가에게 물어봤다.

"아, 그 투자요. 트립스토어, EVR, 파라스타, 더트라이브, 런드리고, 보맵, 다자요, 우화만스토어에 5,000만 원에서 1억 원 정도 투자했어요. 이 달에 수퍼빈, 수퍼키친, 언리미트에도 할 생각이에요. 아, 참. 우화만스 토어는 회사에서 투자하는 방식이어서, 제가 직접 투자하진 않았네요."

소문은 사실이었다. 왜 이런 소액 투자를 할까. 사실 개인 돈 1억 원 묻어서는 지분율도 별로 안 높다.

"스타트업이 기관투자자에게 투자를 유치할 때 저도 같이 들어가는 방식이에요. 창업가가 좋으면 사람 보고 투자해요. 단, 기관투자자와 달리 저는 창업가의 구주를 인수하는 방식이에요. 왜냐고요? 주변 사람들은 스타트업 투자 유치 소식을 들으면 그 창업가도 돈을 많이 벌었을 거라고 생각하지만, 사실 그 돈은 모두 회사로 가요. 시리즈 C, 시리즈 D(스타트업 성공의 척도로 여겨지는, 통상 1,000억 원을 훨씬 넘는 기업 가치를 인정받는 투자 유치)가도 창업가는 전세 자금이 없어 쩔쩔매기도 해요."[15]

구주와 신주는 말 그대로 옛날 주식과 새 주식이란 의미다. 예컨대 투자자가 '쫌아는기자들'이라는 스타트업에 투자할 때 기업 가치를 100억 원으로 보고 10억 원 어치의 주식을 산다. 지분율은 10%가 된다. 이때 스타트업은 주식(신주)을 발행해 투자자에게 넘기고 돈은 회사 명의의 통장으로 들어온다. 창업가는 이 과정에서 돈을 가져갈 수 없다. 구주는 창업가가 본래 가지고 있던 주식이다. 창업가가 구주를 팔면, 당연히 창업가의 통장으로 돈이 들어온다.

"엑시트를 하기 전까진 제대로 된 돈을 만져보지 못하는 창업가도 수두룩합니다. 투자자들은 창업가의 구주를 사지 않습니다. 투자금이 회사 금고로 들어가 연구개발이나 마케팅에 쓰이길 바라거든요. 창업가에게 투자금이 들어가길 바라진 않죠. 그런데 창업가도 돈이 필요합니다. 예컨대 전세 얻으려고 은행 가면 스타트업 창업가는 직원 10명 정도 둔 영세기업 사장 대우를 받습니다. 기업 가치가 수백억 원인 스타트업 대표도 일반 직장인보다 대출받기가 더 힘들어요."

회사 가치 100억 원대이지만
창업가는 반지하 월세

"2013년, 2014년쯤에 저도 전세금 때문에 쩔쩔맸습니다. 네이버를 퇴사하고 스타트업을 창업했더니 은행에서 전세 대출금 상환을 요구하더라고요. 직장인이 아닌 창업가는 대출 상환이 불안한 채무자죠. 집값은 올라가고 갈 곳은 마땅히 없는데…. 그때 장병규 의장(크래프톤 창업가)님이 제가 보유한 구주를 몇 천만 원 주고 사주셨습니다. 숨통이 트였어요. 그때 받은 고마움으로, 저도 장 의장님처럼 후배들을 돕기로 했죠."

꽤 알려진 유명 스타트업의 한 창업가는 아직도 반지하에 산다. 초심을 잃지 않기 위해서와 같은 명분이 아니다. 그냥 돈이 없어서다. 혹시

라도 외부에 알려지면 스타트업 이미지에 금이 갈까 봐 내색조차 하지 않는다. 흔히 생각하는 스타트업 창업가의 화려한 옷 같은 것은 애초에 없다.

혁신의 꽃은 페인 포인트란 토양 위에서 투자자의 돈이란 물을 받고 핀다. 정작 씨앗을 심고 잡초를 뽑고 비닐하우스를 치고 노심초사하는 창업가에게는 끝이 안 보이는 기나긴 인고의 시간만을 요구한다. 스타트업은 냉정한 존재다.

뤼이드:
패러다임 시프트,
정답이 없는 길에 올라타라

전 결코 세상을 바꿀 대단한 발명을 하지는 않았습니다.
하지만 보통 사람보다 나은 특별한 능력이 단 하나 있습니다.
그것은 패러다임 시프트의 방향성과 그 시기를 읽는 능력입니다.
소프트뱅크 창업가 손정의[14]

창업을 하고 기업을 이끄는 데 필요한 능력은 무엇일까. 스타트업 창업
가는 발명가가 아니다. 간혹 스스로 발명한 기술로 성공한 창업가도 있
다. 하지만 대다수는 발명가보다 '창업을 가장 잘하는 사람'에 가깝다.

미래 산업을 주도할 패러다임을 찾아내는 혜안, 그 패러다임에 같이
올라탈 인재와 자금을 조달하는 능력, 모든 것을 버무린 조직을 이끄는
리더십. 성공한 창업가들의 공통점이다. 이 과정에서 '자신이 모른다'
는 것을 인정하고 나보다 뛰어난 사람을 찾아가 도움을 구하는 일도 서
슴지 않는다.

손정의는 스스로 발명가가 아니라는 것을 인정한다. 하지만 그는 창

업가다. 10대 소년 손정의는 일본 맥도날드 창업가 후지타 덴藤田田을 찾아갔다. 10대 소년은 비서에게 '단 3분만 그의 얼굴을 보고 싶다'고 졸랐다. 15분의 시간을 내준 후지타에게 10대의 손정의는 "앞으로 어떤 사업을 하면 좋을까요"라고 물었고 후지타는 "앞으로는 컴퓨터 시대다"라고 답했다. 손정의 제국의 시작점이다. 물론 컴퓨터 시대를 예견한 후지타보다, 그에게서 패러다임의 조언을 귀담아 들은 손정의가 더 큰 창업가가 되었다.[15]

뤼이드 장영준에게서 손정의의 모습이 겹쳐 보인다. 그가 창업한 뤼이드는 교육용 인공지능AI를 개발하는 회사다. 장영준은 공학도도 아니고 교육학을 전공하지도 않았다. 인공지능이 일으킬 교육 패러다임의 변화를 적확하게 이해했고 무엇보다 과감하게 올라탔다. 맹렬한 속도다. 인공지능과 교육 전문가를 한자리에 모아, 본인의 비전을 구체화하기 시작했다. 그런 뤼이드에게 손정의의 비전펀드는 2021년 5월 2천억 원을 투자했다.

뤼이드
장영준

...

1986년생. 한양대를 다니다 1학기를
마치고 입대했다. 당시 만나던 여자친
구가 이별 통보를 했는데, 그녀의 새 남
자친구가 UC버클리 출신이었다. 오기
가 생겨 영어 공부에 매달렸고 2010년
UC버클리 하스 경영대에 합격했다. 대
학 다닐 때는 메릴린치에서 인턴으로
근무했다. 세계적인 금융회사였지만
재미는 없었다. 상위 몇 % 안에 드는
성과를 내야 하고 보스가 인정해야만
승진할 수 있는 시스템이 답답해 창업
을 결심했다. 2012년 대학 졸업 후 미
국 웹툰 서비스업체 '타파스미디어'를
공동 창업했다가 나왔다. 2014년 5월
뤼이드를 창업했다. 뤼이드는 '없애다,
자유롭게 하다'라는 뜻의 영단어 'rid'에
서 딴 이름이다. 수험생들의 문제집과
학원, 비싼 과외를 없애겠다는 것이다.

· · ·

패러다임을 찾아, 혁신의 실패 원인을 찾아

2011년, UC버클리에서 경영학을 공부하던 장영준은 한국인 공대 박사 친구로부터 머신러닝이라는 기술의 존재를 들었다. 머신러닝은 난생처음 듣는 단어였다.

"알파고가 등장하기 전 일이었습니다. 컴퓨터가 스스로 공부해 더 똑똑해지고 사람을 돕는다더군요. 아주 기초적인 개념이었죠. 듣다 보니 컴퓨터가 스스로 똑똑해진다면 사람을 똑똑하게 하는 데도 도움을 줄 수 있지 않을까, 교육에도 접목시킬 수 있지 않을까, 라고 혼자 상상했습니다."

대치동 강의를 해남 땅끝 마을에서 들을 수 있고 스탠퍼드 교수 강의를 아프리카에서도 들을 수 있는 인터넷 강의 시대가 이미 한 번 지나갔다. 2000년대 초반 이러닝e-learning 신드롬은 교육 시장과 제도를 통째로 바꿨지만 그 다음 단계로 퀀텀 점프는 없었다. 혁신이 멈췄다. 다시 혁신의 톱니를 돌릴 수 있다면 그 교육 시장은 엄청나게 클 것 같았다.

뤼이드는 장영준의 첫 도전이 아니었다. 첫 창업은 웹툰이었다. 장영준은 타파스미디어를 공동 창업했었고, 그때 그린 미래는 웹툰이 콘텐츠 IP의 오리지널 소스가 되는 모습이었다.

"웹툰은 잡지와 단행본으로 출간되는 기존 만화와 다릅니다. 위에서 아래로 스크롤을 내려 봐야 하고, 모바일 기기 특성상 스토리와 작화의 전환이 아주 빨라야죠. 이런 방식으로 영상과 스토리를 편집했던 콘텐츠가 드라마와 영화입니다. 웹툰이 영화와 드라마의 원작 스토리로 쓰이는, 패러다임 변화를 예상했습니다."

장영준은 웹툰 구독보다 영상화됐을 때 얻는 수익이 더 클 것이라 예상했다. 문제는 버티는 일이었다. 웹툰 구독 수익 증가세는 지지부진했다. 공동창업가였던 김창원 대표와 이견이 생겼고 비자 문제도 겹쳤다. 장영준은 시리즈 A 이후 타파스를 나왔다. 카카오 엔터테인먼트는 타파스 웹툰을 기반으로 영화, 드라마 등 다양한 콘텐츠를 제작할 계획을 가지고 2021년 5월, 6,000억 원에 인수했다. 장영준이 예상했던 패러다임이 9년이 지나서야 궤도에 안착한 셈이다.

타파스를 나온 장영준은 다음 패러다임 전환을 찾아 헤맸다. 문득 UC 버클리 유학 시절 들었던 인공지능AI을 생각했다. 이 기술이 교육과 만난다면 어떤 시너지를 낼 수 있을까.

이러닝 신드롬 이후 2010년 초중반 '어댑티브 러닝Adaptive Learning', 맞춤형 교육이라는 새로운 방식이 시장에 나왔다. AI가 학습자의 약점을 분석해 집중적으로 보완해 주는 개념이다. 하지만 현장 교육은 여전히 인터넷 강의 행태를 벗어나지 못했다.

"어댑티브 러닝이 실패한 이유는 진짜 AI가 아니었기 때문입니다. 여전히 교육 기업의 문제 접근 방식은 콘텐츠 중심입니다. 강의 콘텐츠에 약간의 기술을 얹었을 뿐이죠. 문제의 근원으로 돌아가 완전히 기술 중심으로 접근해봤습니다."

어댑티브 러닝의 구동 방식은 이렇다. 토익에서 '가정법 과거형 문법'을 묻는 문제가 나왔다. 학생은 가정법 과거형이 아닌, 관계대명사 관련 함정 보기를 골라 그 문제를 틀렸다. 그러면 시스템은 틀린 원인과 출제 의도를 매칭한다. 알고리즘 시스템은 학생에게 '가정법 과거-관계대명사' 두 가지 요소의 관계를 묻는 문제를 집중적으로 추천한다.

정해진 틀 안에서 알고리즘, 이걸 '룰 베이스 알고리즘'이라 한다. 하지만 학생이 틀린 이유는 수십 가지다. 학생은 출제자의 의도를 간파했지만 보기에 나온 과거형 단어를 몰랐을 수도 있고 시간이 촉박해 찍었을 수도 있다. 사람이 정한 룰은 경우의 수가 제한적이다. 과거분석형이면서, 사람의 의도를 벗어날 수 없는 분석 방식으로는 기술의 한계가 분명했다.

"기술은 비용을 줄여야 합니다. 그것이 기술의 존재 이유이자 묘妙입니다. 그런데 뤼이드 창업을 염두에 두고 시장 조사를 해보니 국어·영어·수학 등 모든 분야에 쓰이는 에듀테크 기술이 비용을 전혀 줄이지 못하고 있었습니다. 룰 베이스 알고리즘은 확장성이 낮습니다. 예컨대 룰 베이스 알고리즘을 만들어 맞춤형 문제를 푸는 기업들은 사실 강사와 매니저 수십 명을 고용합니다. 강사와 매니저가 개별 문제마다 출제 의도와 오답 원인을 분석해 매칭합니다. 사실상 알고리즘의 모든 걸 사람이 가르쳐주고, 알고리즘의 지능 수준도 가르친 사람의 수준을 넘어서지 못합니다."

현재 에듀테크는 기술의 이점을 제대로 활용하고 있지 못했다. 장영준은 룰 베이스 알고리즘으로는 미래 교육 패러다임 전환에 제대로 대응할 수 없을 것 같았다.

"이미 미국, 유럽 등 선진국에서는 객관식 시험 중심 평가 방식에 대한 회의론이 부상하고 있었습니다. 실제 미국 주요 대학은 2025년부터 SAT(미국의 대입 수능과 비슷한 역할을 하는 시험)가 대입에 적용되지 않습니다. 이토록 기술이 발전한 사회에서 단 한 번의 페이퍼 시험으로 학생의 역량 전체를 평가하는 방식이 잘못됐다고 생각한 것이죠."

토익과 수능처럼 점수로 줄을 세우는 교육 시스템이 학생의 발달 과정을 꾸준히 추적tracking하는 제도로 변화할 것이라는 예측이다. 장영준은 패러다임 변화에 뛰어들기로 결심했다.

"아이의 성장 곡선과 관련 데이터를 축적하는 일을 사람이 모두 할 수 있을까요. 학교 담임 선생님도 매년 바뀝니다. 때론 전학도 가고요. 결국 학생 한 명의 성장과 발전 데이터를 오롯이 한 군데에서 보관·관리하고, 학생도 평가하려면 AI의 도움을 받을 수밖에 없습니다. 결국 교육 현장에서 AI가 차지하는 역할은 점점 커질 것입니다. 결론은요? 뛰어난 교육용 AI 기술을 개발하면 교육 시장 패러다임 변화를 주도하는 기업이 된다는 거죠."

· · ·

무작정 지혜를 구하러 가는 길

문제는 장영준이 AI와 기술에 대해 아는 것이 전혀 없다는 점이었다. 패러다임에 올라타기 위해서는 좋은 인재와 지혜가 필요했지만 본인의 능력만으로는 할 수 있는 일이 거의 없었다. 방법은 하나였다. '무작정 지혜를 구하기.'

장영준은 하나의 주제에 전문가 5명을 추렸다. 주변 지인에게서 추천받거나, 좋은 논문과 책을 찾은 다음 저자의 연락처를 수집했다. 최고 전문가 다섯 명 가운데 첫 번째 인물에게 메일을 보냈다. 메일 내용은 대강 이랬다. '교육과 관련된 이 문제를 해결하면 세상이 나아질 것 같습니다. 해결하고 싶습니다. 하지만 제가 아는 것이 거의 없습니다. 의견을 주세요.' 장영준은 '답장이 오지 않으면 어쩌나' 걱정했다. 하지만 의외였다. 답장이 왔다.

짧고 간략한 의견과 조언. 이 답장을 가지고 장영준은 두 번째 전문가에게 찾아갔다. 두 번째 전문가에게는 "여기까지 고민해 봤습니다. 여기서 막혔습니다"라고 했다. 그러면 두 번째 전문가도 지혜를 줬다. 세 번째, 네 번째, 다섯 번째 전문가에게 계속 지혜를 구했다.

"그렇게 다섯 명의 전문가를 도는 걸 한 바퀴라고 하면 이걸 세 바퀴쯤 돌았습니다. 그랬더니 '당신이 그 정도로 이 문제에 진심이라면 내가 도움을 주겠다'고 소매를 걷는 전문가들이 하나둘 나타났습니다. 그분이 다른 개발자나 학자를 데려오기도 하셨고요. 이런 방식으로 AI 개발자, 교수, 교육 전문가 커뮤니티를 돌았고 200명 정도 전문가에게 지혜를 구했습니다. 지금 뤼이드에서 근무하는 분, 자문 교수로 도와주시는 분들입니다."

• • •

정답이 없으니, 정답을 찾으면 된다

장영준은 모든 것을 AI에게 맡기기로 했다. 사람의 의도가 전혀 개입하지 않는 완벽한 AI의 핵심 원리는 철저한 확률에 의한 계산이다.

"구글의 AI 알파고는 '어느 수를 두겠다'는 주관적인 판단을 내린 것이 아닙니다. 둘 수 있는 모든 수, 옵션의 확률을 계산하고 이길 확률이 가장 큰 수를 기계적으로 둡니다. 뤼이드 AI 엔진도 마찬가지입니다. 학생이 어떤 문제를 풀 때 예상되는 정답과 오답 확률을 기계적으로 계산합니다. 출제 의도와 주관적인 판단을 배제하고 철저한 확률 중심 계산을 합니다."

뤼이드 AI 엔진은 학생이 문제를 푸는 데 걸린 시간, 풀다가 중도 포기한 시점 등 다양한 변수도 기계적으로 학습한다. 확률과 변수 계산을 바탕으로 학습자가 점수를 올릴 최적의 단축 경로를 추천한다. 예컨대 학습자가 목표 점수까지 1만 문제를 풀어야 한다고 치자. 학습자가 처음 10문제를 풀면 AI 엔진이 4,000문제를 소거한다. 확률적으로 맞출 가능성이 높기 때문이다. 철저하게 확률에 기반하고 학생의 성취도에 따라 수시로 경로를 바꾼다. 뤼이드는 AI를 기반으로 2017년 국내 토익 학습앱 산타토익을 출시했다. 미국 GMAT, SAT, GRE 등 시험에 뤼이드 AI 엔진을 적용하기도 했다.

"완전한 기술 중심의 문제 해결, 그게 뤼이드가 내놓은 해답입니다. AI 에듀, 사실 굉장히 어렵습니다. 구글 같은 기업도 제대로 연구하거나 성과를 내놓지 못한 기술이니까요. 그만큼 마음도 편안합니다. 아무도 멀리 가보지 못한 기술과 시장이니까요. 어차피 정답이 없으니, 정답을 찾으면 됩니다."

넷플릭스나 유튜브의 콘텐츠 추천 알고리즘은 이용자가 좋아하는 영화 100개를 분석하면 나머지 900개의 취향 저격 영화를 추천한다. 이런 추천은 대부분 이용자의 취향에 들어맞는다. 극단적으로 영화 취향이 바뀌는 이용자는 거의 없기 때문이다.

하지만 교육은 다르다. 이용자의 상태가 수시로 바뀐다. 예컨대 같은 유형 토익 문제 10개를 풀고 오답노트까지 체크한 학생은 다음부터는 같은 유형은 거의 맞춘다. 분석 대상이 실시간으로 업데이트된다. 교육 AI 알고리즘은 특화 설계를 해야 한다.

"구글은 테크 연구 결과와 논문을 오픈소스로 대부분 공개합니다. 하지만 AI 연구 최전선에 있는 구글도 교육용 AI를 제대로 연구한 적이 없습니다. 구글 논문 아카이브에 'education'을 검색하면 개발자를 위한 코딩 언어 교육 논문뿐입니다. 당장 필요가 없을 수도 있고 아직 준비가 안 됐을 수도 있고요."

정답도 없고 선구자도 없다. 장영준은 에듀테크에 뜻이 있는 연구자와 인재를 모아 길을 내기로 했다. 2020년 4월 미국 실리콘밸리에 연구소 뤼이드랩스를 설립했고 테크 업계 CEO와 전 스탠퍼드 총장 짐 래리모어Jim Larimore 등이 연구에 참여했다. 특허를 꾸준히 출원·등록했고 AI

교육 관련 논문도 발표하고 있다. 교육용 AI 엔진 시장을 선점하겠다는 계획이다. 장영준은 "현재 뤼이드의 교육용 AI 기술 수준이 구글을 앞지르고 있으며 그 격차가 3년 이상 난다"고 자신했다.

많은 기업이 혁신을 외치면서 새로운 것을 내놓은 것처럼 이야기하지만 진실로 무에서 유를 창조한 비즈니스는 많지 않다. 모두가 퍼스트 무버일 필요는 없다. 마지막에 성숙한 기술을 바탕으로 시장을 잡을 수도 있다. 하지만 살아남는 퍼스트 무버의 시장 지배력은 누구보다 막강하다. 그 어떤 기업도 스마트폰 시장과 소프트웨어 생태계를 만든 애플, 구글을 넘지 못하는 이유다.

정주영 현대 창업가의 성공은 '길이 없어 길을 낸' 결과다. 1966년 정주영과 현대건설은 세계 29개 업체와 경쟁 끝에 태국의 파타니-나라티왓 고속도로 공사를 따냈다. 현대건설을 비롯한 국내 어떤 건설사도 고속도로 공사를 해본 경험이 없었다. 29개월 끝에 완공했지만 당시로는 엄청난 금액인 약 3억 원의 적자가 났다. 정주영은 "손해라기보단 비싼 수업료를 낸 셈"이라고 했다.[16]

수업료는 경부고속도로 건설의 토대가 됐다. 건설, 자동차, 조선 진출 등 정주영과 현대의 역사는 한국 산업의 퍼스트 무버였다. 안정적인 일에 도전하는 것이 지름길처럼 보인다. 반면 어떤 창업가는 '누구도 하지 않아 더 매력적인 시장'이라고 접근한다. 더 어렵지만 누구도 정답을 몰라 정답을 만들 수도 있다. 장영준은 어릴 때 아버지의 옆에 앉아 TV에서 정주영 다큐멘터리를 보며 사업가의 꿈을 키웠다.

"울산 바다 앞 황무지에 커다란 조선소가 세워지고 배가 만들어지는 과정을 보는 가슴이 두근거렸습니다. 지금 뤼이드 사무실에서 건설 중인 GBC(현대차 삼성동 사옥)가 보입니다. 맨바닥에서 두꺼운 철근과 콘크리트가 차곡차곡 올라가 거대한 빌딩이 되는 과정. 저런 것들이 가슴을 뛰게 하더군요."

* * *

자금을 구해, 경제적 해자를 구축하라

장영준은 2021년 5월 세계 최대 벤처 투자 펀드 소프트뱅크 비전펀드로부터 2,000억 원 규모 투자를 유치했다. 비전펀드가 국내 기업에 투자한 것은 쿠팡, 아이유노미디어에 이어 뤼이드가 세 번째다. 본사가 한국에 있는 스타트업으로는 뤼이드가 처음이다. 장영준은 그해 4월 손정의 회장 앞에서 30분 동안 온라인 프레젠테이션을 했다. 손정의는 '어떻게 압도적인 1등이 될 것인가', '뤼이드가 구축한 기술 장벽, 경제적 해자垓子가 얼마나 단단한가'를 물어봤다.

장영준은 "AI가 개별 학생의 학습 동선을 짜고, 잠재적 역량을 키워주는 새로운 교육 시대가 옵니다. 그때 주인공은 뤼이드입니다"라고 답했다. 손 회장은 "축하한다. 당신은 내 친구다. 끝까지 돕겠다"고 말했다.

손정의의 투자 철학은 경제적 해자를 구축한 스타트업에 대한 지지다. 해자는 중세시대 적이 함부로 침입하지 못하도록 성벽 앞에 판 도랑이다. 경제적 해자는 경쟁 기업이 쉽게 따라오지 못할 독점력과 기술력을 말한다.

소비자들에게는 뤼이드라는 이름보다 산타토익이라는 브랜드가 유명하다. 하지만 장영준은 산타토익은 큰 계획의 아주 일부라고 한다. 산타토익은 AI 엔진의 성능을 검증한 일종의 프로토타입(시제품)이라는 것이다. AI 엔진을 토익에 적용했을 때 얼마나 적중할 것인지 테스트하기 위한 샌드박스, 일종의 개발자 놀이터였다는 설명이다. 200명이 넘는 직원 중 산타토익을 담당하는 직원은 10명 남짓이고 매출 규모도 다른 사업 부문이 더 크다.

"토익을 선택한 이유는 객관식이고 같은 유형이 반복되는 데다 시험이 자주 있어서 데이터를 쌓기 좋았기 때문입니다. 토익처럼 단답형 시험을 치르는 시장만 전 세계 3,000조 원이 넘는 규모입니다. 토익에 매달릴 이유가 전혀 없습니다."

전 세계에 교육용 AI 엔진을 보급하는 일이 뤼이드의 최우선 과제다. 세계 곳곳 교육 현장에서 사용되는 뤼이드 AI 엔진은 교육과 관련된 데이터를 빨아들이는 파이프라인이 될 것이다. '파이프라인을 200곳이 넘는 국가와 현장에 까는 것'이 장영준과 뤼이드의 목표다.

"어려운 길을 가는 것은 힘들기도 하지만 혜택도 있습니다. 먼저 길을 낸 사람이 스탠다드가 됩니다. 뤼이드는 그 스탠다드를 만들기 위한 연구를 계속하고 있고요. 소프트뱅크에서 투자받은 2천억 원도 기술을 연구할 인재를 모으는 데 쓰려고 합니다. 누구도 따라올 수 없는 압도적인 기술 격차를 만들 것입니다."

일문 일답

뤼이드 장영준과 번 더 브릿지

> 창업을 시작하기 전 '안전하게 회사와 병행하면서 준비해도 나쁘지 않다' vs '아니다. 창업하려면 하나에 집중해도 모자르다. 회사를 버리고 (Burn the bridge, 돌아올 다리를 태워라) 창업 하나만 파고들어라'. 어느 쪽인지요.

창업은 나 자신의 200%를 쏟아부어도 성공하기 어렵습니다. 대표는 본인의 아이디어와 비전으로 인재와 투자자, 시장을 설득해야 합니다. 본인의 아이디어와 비전, 그리고 사업 모델에 100%의 확신이 없다면, 그리고 절실함이 없다면 누구도 설득할 수 없습니다. 일단 본인이 냉정히, 객관적으로 판단하여 스스로를 설득할 수 없다면 시작하지 않는 것이 맞습니다. 시작했다면 모든 걸 던져야 하고요.

10

런드리고:
샌프란시스코에서 찾은
보이지 않는 고릴라와 독점의 법칙

경영자의 가장 중요한 책임은 미래의 독점 공간을 발견하는 것이다.
밀랜드 M. 레레[27]

창업의 시발점은 '창업 아이디어'다. 무엇을 팔 것인가에 대한 고민이다. 무엇을 팔 것인지를 정하는 것은 시장의 니즈, 페인 포인트를 포착해내는 것. 그리고 그것을 어떻게 팔 수 있을지에 대한 고민이다.

아이디어를 내기 위해서는 관찰력이 필요하다. 타인이 원하는 것, 세상과 산업이 돌아가는 방식에 대한 남들과 다른 독창적인 시선과 관점이다. 독창적이지 않더라도 추진력으로 돌파해내는 창업가도 있지만, 독창적인 아이디어는 남들과 다른 출발선에서 뛸 수 있는 어드밴티지를 준다.

'보이지 않는 고릴라'는 1999년 미국의 심리학자 대니얼 사이먼스

Daniel Simons와 크리스토퍼 차브리Christopher Chabris가 진행한 심리학 실험이다. 두 학자는 36명의 대학생 실험 참가자에게 75초짜리 농구 영상을 보여줬다. 흰색 셔츠를 입은 A팀 선수 3명과, 검은 셔츠를 입은 B팀 선수 3명이 농구공을 패스하는 영상이다. 참가자들에게 주어진 미션은 흰색 셔츠를 입은 선수들의 패스 횟수였다.

하지만 두 학자는 영상이 끝나고 실험 참가자들에게 다른 걸 물었다. '혹시 영상 속 등장한 고릴라를 보셨나요?' 모든 참가자가 두 고릴라가 영상 속에 등장했다는 사실조차 몰랐다. 고릴라는 영상 중간 약 5초 가량, 한가운데서 가슴을 두드리는 제스처를 취하고 사라졌다. 모두 흰색 셔츠 팀의 패스 횟수를 세는 데 주의를 기울이다 다른 것들을 관찰하지 못한 것이다. 우리의 주의력에는 한계가 있어, 때로는 눈앞의 큰 변화를 관찰하지 못한다.

누군가는 같은 상황 속에서도 의미 있는 무엇인가를 포착해낸다. 조성우 런드리고 창업가는 고릴라를 발견한 이다. 샌프란시스코를 여행하다가 도난을 당했다. 자동차의 창문이 깨졌다. 하지만 조성우의 눈에는 이해할 수 없는 장면이 보였다. 빨래의 혁신, 런드리고의 비즈니스 본질을 봤다.

의식주컴퍼니
조성우

• • •

1981년생. 연세대 신문방송학과를 졸업하고 2007년 현대중공업 홍보실에서 일했다. 홍보를 위해 정주영의 자서전《이 땅에 태어나서》를 수차례 읽었다. 일이라기에는 자서전이 너무 재밌었다. 얼마 가지 않아 정주영 창업가의 "임자, 해봤어?" 정신에 빠진 현대맨이 됐다.

2011년 조직의 불화를 겪으면서 직장인의 한계를 깨달았다. 다시 태어나겠다는 다짐을 담아 생일날 사표를 냈다. 스타트업이라는 단어도 생소하던 시절, 덤앤더머스라는 커머스 스타트업을 시작했다. 신선식품과 와이셔츠 같은 생필품을 구독하는 새벽배송 서비스였다. 2015년 배달의민족에 인수되었고 배민프레시로 사명이 바뀌었다. 인수 후에도 2년 6개월간 배달의민족과 함께하다 2017년 초 배민프레시를 나왔다. 조성우 퇴사 후 배민도 곧 배민프레시 사업을 접었다. 조성우는 "배민프레시는 너무 빨리 시작했고, 빨리 접어서 아쉬운 사업"이라며 "역시 사업은 '될 때까지 버티기'가 중요하다"고 했다.

● ● ●
샌프란시스코 도둑은 빨래를 훔쳐가지 않았다

배민을 나온 조성우는 미국 여행을 떠났다. 2017년 여름이었다. 일행과 함께 샌프란시스코 다운타운에서 저녁 식사를 한 후 고속도로를 달렸다. 이상하게 차 안이 무척 시원했다. 뒤를 돌아보니 차 뒷유리가 모두 깨져있었다. 도둑은 차 유리를 깨고 트렁크, 랩탑 등 모든 물건을 쓸어 갔다. 조성우는 허탈하게 차 안을 정리하다 도둑이 쇼핑백에 넣어둔 빨래만 두고 간 것을 알았다. 비싼 옷도 있었지만 빨래는 손도 대지 않았다. "세탁물은 아무도 훔쳐가지 않는구나. 왜 안 훔쳐갔지? 집 앞에 빨래를 둬도 아무도 안 가져가지 않을까. 그렇다면 세탁물 수거와 배송 모두 비대면으로 가능하지 않을까?"

배송의 어려움은 덤앤더머스와 배민프레시의 경험을 통해 누구보다 잘 알고 있었다. 하지만 세탁물은 다른 물건 배송과 달랐다. 재미있는 비즈니스 모델이 나올 것 같았다. 도둑질을 당한 다음날, 같이 여행을 떠났던 일행은 귀국했다. 혼자 남은 조성우는 여행 일정을 모두 바꿨다. 계획 없이 동부행 비행기를 타고 필라델피아, 뉴욕으로 갔다. 미국 동부 지역 세탁업이 훨씬 발전했다는 이야기를 들었기 때문이다. 지인이 미국에서 세탁 사업을 크게하는 사업가들을 소개시켜줬다. 그때부터 세탁이란 업을 팠다. 2018년 1월 두번째 창업을 감행했다. 의식주컴퍼니를 설립, 2019년 3월 세탁 서비스 런드리고를 시작했다.

런드리고는 집 앞에 빨래를 두고 모바일로 신청하면 수거해 세탁, 배송까지 원스톱으로 해결한다. 런드리고는 비대면 빨래 수거함 런드렛을 만들었다. 빨래를 런드렛에 넣은 다음, 현관문과 연결해 자물쇠를 거는 형태다. 자전거를 거치대에 연결하는 것과 비슷하다. 자물쇠는 이용자가 스마트폰 앱으로 열거나 잠근다. 밤에 런드렛을 현관 앞에 내놓으면 새벽에 배송기사가 수거한다. 빨래가 끝나면 배송기사가 다시 런드렛을 가져와, 현관문과 연결해 자물쇠를 잠근다. 샌프란시스코 차 도둑이 유리창을 깬 날부터 약 1년 반만의 일이다.

> "나중에 런드리고가 크게 성공한다면 샌프란시스코 다운타운에 광고를 내겠습니다. '그때 빨래를 남겨 두고 내 차를 털어간 도둑을 찾습니다'라고요. 혹시 그를 찾는다면 '당신 덕분입니다'라고 안아주려고요."

· · ·

동네 세탁소는 많은데, 어디가 최고인지 모르는 이유

런드리고는 세탁 배송 플랫폼 서비스의 처음이 아니다. 빨래를 수거해 연결된 오프라인 세탁소에 대신 맡기고 배송도 해주는 세탁 플랫폼은 여럿 있었다. 하지만 세탁 비즈니스로 시장을 장악한 유니콘은 없었다.

조성우는 런드리고가 런드렛을 통해 보다 편리한 비대면 배송을 실현하는 데 그치지 않고 과거의 세탁 플랫폼과 근본적으로 다른 혁신을 이뤄야 한다고 생각했다. 세탁이란 무엇일까. 업의 본질을 꿰뚫어야 했다.

조성우는 동네 세탁소가 점 단위, 생활반경 1km 이내 존재하는 점에 주목했다. 세탁은 고객의 물건이 집 안에 있다가, 문밖으로 나간다. 수거하거나 세탁소에 가져다줘야 하고 처리를 거쳐 다시 집으로 들어온다. 양방향two-way이다. 난이도가 쇼핑보다 어려울 수밖에 없다.

"세탁은 일방적으로 제품을 받는 쇼핑이나 배달, 원웨이one-way 서비스와 다릅니다. 내 물건이 남에게 맡겨졌다 돌아오기 때문에 신뢰가 중요합니다. 마치 가전제품 A/S와 같죠. 쉽게 맡길 수 있고 믿을 수 있고 언제든 찾을 수 있어야 합니다. 그래서 항상 세탁소가 우리 집과 가까운 곳에 위치해야 했던 거죠."

세탁 혁신은 여러 고난도 문제를 풀어야 했다. 수거와 배송 같은 고난도 물류를 수행해야 하고 세탁 퀄리티를 높여야 하고 고객 신뢰도 관리해야 했다. 신뢰는 참 어려운 난관이다.

"음식 배달은 환불하거나 재배송하면 되지만 고객이 세탁 맡긴 옷의 가치는 돈으로 매길 수 없습니다. 남편과 신혼여행에서 산 드레스, 어머니가 사준 셔츠의 가격을 어떻게 매기겠습니까. 그 옷을 망치면 어떤 방식으로도 배상할 수 없습니다. 이 문제를 아무도 못 풀었던 것입니다. 수십 년 동안 기존 세탁 비즈니스 모델이 유지되었던 이유기도 하고요. 런드리고보다 앞선 세탁 혁신 도전자들이 크게 성공하지 못했던 이유는 세탁 배송과 편리함에만 집중했기 때문이죠."

퀄리티와 신뢰성을 높일 수 있는 방법. 결국 세탁 본연의 서비스, 그 자체를 내재화해야 한다는 결론에 도달했다. 직접 세탁 공장을 만들어 세탁을 하는 것.

"문제는 원가 구조였습니다. 기존 세탁소처럼 세탁하면 이윤이 남을 수 없었어요. 하지만 뉴욕 퀸즈 세탁 공장에서 눈으로 보고 확인했죠. 세탁 산업은 여전히 기계화·자동화·고도화가 진행 중이라는 대목을요. 매우 빠른 속도로요. 뉴욕 세탁 공장은 지속적으로 원가가 낮아지고 있습니다. 결국 단순 빨래 배송 대행 플랫폼을 할 것이 아니라, 직접 세탁부터 배송까지 빨래와 관련된 모든 것을 하기로 했습니다. 아주 많은 세탁 물량을 선점, 그러니까 비즈니스 스케일을 키우면 자동화 시스템을 구축해 원가를 낮출 자신이 있었죠."

자동화·시스템화를 통해 인건비 중심의 세탁 원가 구조를 바꿔야 했다. 런드리고의 공장엔 다른 세탁 공장에서 볼 수 없는 자동화 설비가 여럿이다. 옷에 포장을 씌우는 장비, 와이셔츠 자동 스팀 다림질 설비, 자동 빨래 분류 설비 등이다. 모두 독자 개발했거나, 다른 기술을 가져와 최적화한 것들이다. 과거에는 사람이 직접 했고 검수했던 일이다. 테크놀로지가 원가를 줄이는 것이다.

> "컨베이어 벨트가 돌면서 시간당 3,000장의 세탁물을 분류하고 출고합니다. 올해 인수한 미국 세탁 팩토리 기업의 기술을 기반으로, 일본 컨베이어 회사와 협업해 만든 독자 시스템이죠. 전 세계 어디서도 찾아볼 수 없는 자동화 시스템이라고 자신합니다."

퀄리티와 고객 신뢰를 높이기 위해 런드리고가 도입한 서비스는 세탁 비교다. 세탁하기 전 옷 상태와 세탁 후 상태를 사진과 영상으로 알려준다. 조성우는 "생각보다 고객들이 자신들의 옷 상태를 모른다. 엉덩이가 찢어졌거나, 단추가 떨어진 세탁물이 많다"고 했다. 투명하게 옷의 상태와 세탁 결과를 확인할 수 있도록 하고 세탁 품질을 고객에게 증명하겠다는 것.

> "동네마다 세탁 장인이 있는 이유는, 십 년 넘도록 그 업만 해온 노하우가 있기 때문입니다. 몸으로 체득한 빅데이터죠."

조성우는 런드리고의 품질이 계속 좋아질 것이라 확신한다. 세탁과 관련된 빅데이터를 체계적으로 축적하고 있고 꾸준히 최신 기술을 접목해 공정 수준도 높아지고 있다. 세제, 섬유유연제도 고품질 제품을 별도로 개발하는 등 세탁과 관련된 모든 요소를 내재화하는 것이다.

"한국 세탁 기술은 장인의 비법 전수 같은 식입니다. 도제식 문화죠. 장인 문화는 비법 전수가 제한적이고 폐쇄적이어야 경쟁력이 생깁니다. 고객 입장에서는 잘하는 세탁소를 찾기 그만큼 어렵고, 세탁소마다 품질도 제각각입니다. 런드리고가 이런 세탁 품질을 전체적으로 상향시킬 것입니다."

• • •
회사 이름이 의식주컴퍼니인 이유

세탁 서비스를 하는 회사가 왜 사명은 의식주컴퍼니로 했을까. 조성우는 "세탁이 혁신되면, 주거 공간까지 바뀔 것"이라며 "세탁은 우리 삶의 다른 영역에도 희생을 강요하고 있다"고 했다.

아무리 작은 공간도 세탁은 필수다. 4평 원룸에 빨래 건조대를 펴면 주거 공간 절반이 사라진다. 서울 집값 평당 2,000만 원을 가정했을 때 빨래와 세탁에 부동산 기회비용으로 4,000~5,000만 원이 사라지는 셈이다. 여름에는 습기가 차서, 겨울에는 볕이 잘 들지 않아서 건조시키기가 어렵다. 조성우는 '세탁기와 빨래 건조대가 집에서 사라지는 날'을 꿈꾼다.

"요새 집에 TV를 두지 않고, 태블릿PC와 노트북으로 OTT 서비스를 이용하는 젊은 이용자들이 많습니다. 음식 배달과 식품 배송 서비스를 통해 주방을 거의 안 쓰기도 하고요. 기술과 서비스 혁신이 삶의 방식을 바꾸는 것이죠. 런드리고도 세탁의 발전으로 주거 양식을 바꿀 수 있습니다. 작은 변방에서 라이프스타일의 변화가 시작될 것이라는 고민. 그 고민을 사명에 담았죠."

런드리고는 1인 가구의 증가에 따라 시장이 더 빠른 속도로 커질 것으로 예상한다. 국내 1인 가구는 전체 가구 수의 40%에 육박한다. 세탁은 크게 물빨래(런드리)와 드라이클리닝으로 나뉜다. 물빨래는 자주 해야 하고 세탁기가 필요하다. 런드리고는 그 고민을 한 달 5만 원에 해결한다.

"배민프레시를 운영하던 2015년만 해도 신선식품을 모바일로 주문하는 이용자 비율이 0.1% 정도에 불과했습니다. 5년이 지났고 이제는 그 비율이 20%가 넘어갑니다. 세탁 시장만 안 되라는 법도 없죠. 세탁업은 신선식품의 5년 전과 같은 기로에 섰습니다."

런드리고의 강점은 규모가 커질수록 비용이 줄어드는 구조라는 것이다. 조성우는 국내 세탁 시장의 잠재력이 과소평가받고 있다고도 했다.

"전체 매출 중 월 구독 서비스를 이용하는 고객이 약 60%입니다. 물류 서비스의 가장 어려운 일은 동선을 짜는 일입니다. 하지만 런드리고는 구독 비중이 높고, 갔던 집을 계속 찾아가기 때문에 물류 기사들이 적응할수록 수거와 배송 시간이 줄어듭니다. 주문당 물류 비용이 계속 낮아지고 있습니다."

물빨래는 대부분 가정에서 세탁기를 사용하고, 세탁소에 맡기는 드라이클리닝만 통계로 집계됩니다. 공식 통계로 2조 5,000억 원쯤 되는데, 세탁소는 대부분 현금 거래라서 잡히지 않는 통계까지 고려하면 드라이클리닝 매출만 4조 3,000억 원일 것이라고 예상합니다. 대형 프랜차이즈 세탁 업체의 1개 점포 평균 월 매출이 1,000만 원 내외고, 국내에 오프라인 세탁소가 3만 5,000~4만 곳쯤 되거든요."

만약 의식주컴퍼니를 내세운 것처럼 1인 가구의 세탁기를 런드리고가 대체하는 날이 온다면 어떻게 될까. 조성우는 "상상할 수 없을 정도로 큰 시장이 될 것"이라고 한다. 산업과 생활 방식의 패러다임 변화가 찾아온 것이기 때문이다. 현재 런드리고는 서울과 경기 김포, 일산 등 대도시 주변으로 서비스 영역이 한정되어 있다.

"전체 세탁 시장의 75~80%가 서울과 수도권에 집중되어 있고 특히 서울이 50% 정도 됩니다. 이 시장만 2조 원이 넘어요. 우선 이 시장을 꽉 잡고 갈 겁니다. 촘촘한 물류망이 있다면 전국 광역시 중심 서비스는 가능합니다. 인구가 밀집한 도시를 중심으로 세탁을 맡기거든요."

같은 논리로 런드리고는 글로벌 서비스도 도전할 계획이다. 목표는 2022년 이후 미국 뉴욕 테스트다. 코로나 이후 글로벌 제휴 문의가 많이 들어왔다고 한다. 코로나로 외출이 어려운 시대, 런드리고는 비대면으로 세탁물을 맡기고 받을 수 있는 서비스이기 때문이다.

"세탁은 뉴욕이든 도쿄든 고객의 니즈와 가치가 굉장히 비슷합니다. 표준화가 잘 될 수 있어요. 미국으로 건너간 한인 이민자들이 세탁소를 많이 했던 이유입니다. 인프라·테크·서비스가 잘 결합된 모델을 만들면 글로벌도 가능하고 세계 1등도 가능하다고 생각합니다."

조성우는 스타트업 판에서 10년 넘는 시간을 보낸 고참 창업가에 속한다. 10년 사이 스타트업 업계는 무엇이 달라졌을까.

"스타트업을 바라보는 세상의 관점이 달라졌습니다. 예전에는 작은 회사라는 편견, '작은 사업 아이템으로 장난하느냐'는 인식이 컸습니다. 어렵고 낯설었죠. 지금은 스타트업 종사자가 많아지고 변방 트렌드가 아니라 혁신 산업을 곳곳에서 리드하는 분야가 생겼습니다. 하지만 창업만을 위한 창업, 돈만을 위한 창업도 늘어난 것 같습니다. 스타트업의 성공은 현대인의 문제를 하나라도 똑 부러지게 해결하는 것입니다. 우리 삶과 사회의 문제에 파고드는 동료가 늘어났으면 좋겠습니다. 런드리고는 세탁의 문제를 해결할게요."

 **일문
일답** 런드리고 조성우, 하루 고통과 사명감의 사이

창업에 잘 맞는 사람이라는 게 따로 있을까요.

저는 아직도 제가 창업에 잘 맞는 사람인지 모르겠습니다. 런드리고의 주문 물량이 갑자기 증가해 안정적인 운영이 어렵거나, 고객의 불만 목소리를 들을 때는 고통스럽기도 합니다. 변화를 만들어 누군가에게 선한 영향력을 주어야겠다는 사명감이나 의지가 없다면 한 치 앞을 알기 어려운 창업의 길을 이겨내기 정말 쉽지 않은 것 같습니다. 그 사명감이 두려움보다 크면 창업에 좀 더 적합한 사람이지 않을까 싶네요.

11

고피자:
나이키 러닝화와 고피자의 푸드트럭

무엇보다 가장 중요한 것, 당신의 재능을 썩히지 않으려면
과감하게 모험을 걸어라. 싸우지 않고서는 기술을 익힐 수 없다.
당신이 실패하지 않는 유일한 순간은 당신이 마지막으로 시도하는 때다.[18]
나이키 창업가 필 나이트

창업은 모험이다. 사업은 언제든 망할 수 있다. 좋은 대학과 학위, 안정
적인 직장과 급여를 뒤로한 창업은 리스크를 동반한다.

왜 창업을 택할까. 하이리스크-하이리턴, 창업을 통한 성공의 보상이
크다는 이유도 있을 테다. 하지만 단순히 보상 기대만으로는 모든 역경
을 견뎌낼 수 없다. 끝까지 버티는 데는 자신의 재능에 대한 자신감이
필요하다. 쉽게 꺾이지 않는 확신과 자신감을 품은 창업가는 투자금이
떨어지는 데스밸리에도 모험을 멈추지 않는다.

나이키 창업가 필 나이트Phil Knight는 '운동화를 통한 세상의 변화'를
믿었다. 스탠퍼드 대학 시절 '기업가 정신' 과목을 수강하면서 일본 러

닝화가 시장을 장악할 것이라는 보고서를 썼다. 투잡으로 운동화를 팔던 필은 부모에게 빌린 돈으로 일본에 건너가 러닝화를 수입했다. 나이키라는 모험의 시작점이다.

임재원 창업가도 그렇다. 아시아의 최고 명문대로 꼽히는 싱가포르 경영대를 나온 임재원은 1인 푸드트럭에서 2년간 화덕피자를 구웠다. 당시 임재원은 직장인이었으니 투잡이었다. 난순 용돈 벌이는 아니었다. 화덕피자의 프랜차이즈 가능성에 대한 가설 검증을 한 것이다.

"햄버거는 맥도날드가 있는데 왜 피자에는 없을까", "화덕피자를 글로벌 프랜차이즈로 만들려면 어떤 한계점을 극복해야 할까"라는 해답을 찾는 과정이었다. 그의 자신감과 확신은 투잡을 충분히 견디게 하고도 넘쳤다.

나이키의 필 나이트처럼, 임재원도 막연하게 머릿속으로만 사업 구상의 나래를 펼치는 일은 애시당초 없었다. 눈을 가린 채 시냇물을 건널 때 머릿속에서 시뮬레이션할 수는 없다. 이런 보폭으로 건너면 징검다리 돌을 딱 디디면서 건널 수 있다고 아무리 생각해봐야 소용없다. 맨발로 물살을 살살 건드리며 징검다리의 돌을 하나씩 찾고 한발씩 발걸음을 내디뎌야 한다. 막막하고 힘들다. 당연하다. 하지만 그 과정을 견디는 힘을 창업가의 확신과 자신감이라고 한다.

고피자
임재원

. . .

1989년생. 싱가포르 경영대 경영학과, 카이스트 경영공학 석사 과정을 졸업하고 26세 나이로 스타트업 매쉬업엔젤스에 들어갔다. 하지만 스타트업 직원은 뭔가 허전했다. 역량을 100% 발휘하고 싶었다. 창업하고 싶었다. 어린 시절부터 좋아했던 피자를 업으로 택했다. 2016년 부모와 지인에게서 빌린 종잣돈 2천만 원으로 푸드트럭을 구입했다. 주말마다 화덕피자를 팔았다. 1인용 화덕피자라는 새로운 가설을 검증하기 위해서였다. 2년간 트럭에서 피자를 굽다 2018년 고피자 법인을 세웠다.

. . .

피자의 맥도날드, 모험을 꿈꾸다

"고피자라는 이름은 '언제든지 가서go 쉽게 먹고 떠날 수go 있는 피자'예요. 원래 푸드트럭에서 시작했거든요. 투잡을 뛰면서 피자를 구웠죠."

임재원의 사무실 한 켠에는 검은색 야구모자가 있다. 모자 가운데는 선명하게 'GoPizza'가 적혀있다. 고피자를 창업한 이후에 만든 모자가 아니다. 창업하기도 전에, 2016년 3월부터 2018년 초까지 약 2년 동안 푸드트럭을 몰고 다니며 피자를 팔 때 임재원이 썼던 모자다.

어린 시절의 임재원은 패스트푸드와 친했다. 유학을 떠난 형을 뒷바라지하는 어머니는 한국을 자주 떠났다. 본인이 싱가포르 경영대에 들어간 대학 시절에도 혼자였다. 자연스럽게 패스트푸드를 자주 먹었다. 학창시절의 그는 일주일에 2~3번씩 맥도날드를 먹었다. 대학 시절, 좋아하던 피자 프랜차이즈의 페퍼로니 피자를 먹으면서 문득 생각했다. '왜 맥도날드 같은 피자 브랜드는 없을까?'

"분명 피자는 햄버거와 비슷한 부분이 많습니다. 정해진 재료와 제조 과정으로 빠르게 조리하고 배달이 가능하죠. 그런데 피자 가격이 훨씬 비싸고 음식도 더 오래 기다려야 합니다. 맥도날드 같은 피자 브랜드가 있으면 좋겠다는 생각이 들었습니다."

카이스트 대학원 석사까지 마친 임재원은 스타트업에 들어갔다. '스타트업은 대기업과 다를 것'이라는 기대와 달리 임재원은 본인이 한국 조직 문화와 맞지 않는다는 것을 1년도 채 지나지 않아 알았다. 임재원은 '회사원으로는 내 역량을 십분 발휘할 수 없다'고 확신했다고 한다.

창업이란 화두 앞에 임재원은 피자를 떠올렸다. 피자에도 페인 포인트가 있지 않을까. 그 페인 포인트를 뚫어내면 맥도날드 같은 피자 브랜드를 만들 수 있지 않을까.

"다른 요식업은 레드오션이지만 피자는 아닙니다. 아직 캐주얼화된 피자가 없었거든요. 더 싸고, 가볍고, 쉽고, 빨리 먹을 수 있는 피자가 시장에 없었죠. 타깃을 명확하게 노린다면 승산이 있을 것 같았습니다."

임재원이 조준한 피자 시장은 패스트캐주얼이라는 새 음식 카테고리였다. 패스트푸드와 파인다이닝, 레스토랑의 사이 음식을 뜻한다. 쉐이크쉑 버거, 인앤아웃 버거 등이 대표적인 패스트캐주얼이다. 수제버거만큼 조리 시간과 비용이 들지는 않고 맥도날드나 버거킹보다는 건강하고 고급진 맛이다. 햄버거에서는 성공한 브랜드 사례가 꽤 많다. 하지만 피자에는 패스트캐주얼 브랜드라고 할 만한 사례가 별로 없었다. 이

탈리안 레스토랑에서 제대로 구운 값비싼 화덕피자와 도미노나 피자헛처럼 배달하는 오븐 피자의 중간을 찾기로 했다. 레스토랑 피자 같은 맛인데 가격은 그보다 저렴한 피자를 만들면 소비자들이 외면하지 않을 것이다. 1인 가구 시대이니, 피자를 햄버거처럼 혼자 빠르게 먹을 수 있게 1인용으로 구워서 팔면 성공 타율은 올라갈 것 같았다.

"햄버거가 하는 걸, 피자라고 못하나요. 미국에는 고피자보다 조금 앞선 시기 블레이즈 피자나 모드 피자가 등장했죠. 매장에서 직원이 고객과 함께 토핑을 고르고 그 피자를 화덕에서 구워줘요. 문제는 생존이었습니다. 글로벌 프랜차이즈의 역공으로부터 살아남고 해외 패스트캐주얼 피자보다 빠르게 해외 시장으로 나가야 했죠. 그런데 당장 국내 시장에서조차 어떻게 반응할지 알 수 없었습니다."

머릿속으로는 고피자 간판을 세계 곳곳에 꽂고 있었지만 26세 직장인 임재원의 허황된 상상을 누구도 믿어줄 리 없었다.

"피자 사업을 해보려고요." 이 이야기를 처음 들은 임재원의 부모는 웃었다. 농담인 줄 알았단다. 임재원은 평생 제대로 된 요리를 해본 적도 없었고, 특별한 미식가도 아니었기 때문이다. 그냥 피자와 햄버거를 좋아하는 청년이었다. 하지만 임재원은 심각했다. 직장을 다니면서 프랜차이즈 피자집 아르바이트를 했다. 주말과 저녁에는 피자 쿠킹 클래스, 도우 공방을 견학 다니면서 '맛있는 피자 만드는 법'을 공부했다.

"푸드트럭을 하자고 생각했어요. 목표는 맥도날드 같은 글로벌 피자 브랜드였지만, 현실적으로는 테스트베드Test Bed(새로운 기술·제품·서비스의 성능 및 효과를 시험할 수 있는 환경 혹은 시스템, 설비)가 필요했죠. '내가 크게 일을 벌릴 깜냥의 사람인지'라는 자문에 답을 찾을 필요가 있었어요. 외식업 중에 가장 적은 비용으로 시작할 수 있고 실패해도 타격이 적은 아이템, 그게 푸드트럭이었죠."

초기 자금은 2,000만 원이었다. 통장에는 300만 원뿐이었다. 반신반의했던 부모님이 돈을 빌려줬다. '길거리에서 고생하다 사업이 망해 다시 직장으로 돌아가도, 후회가 없어야 행복할 것'이라는 이유다. 지금의 아내인 당시 여자친구가 빌려준 돈, 은행 빚도 끌어다 썼다. 그렇게 트럭과 장비를 샀다.

이름은 푸드트럭 감행 1년 전부터 '고피자'로 정했다. 원래 좋은 오프라인 매장이 있는데 마치 오늘 특별히 푸드트럭에 나와서 피자를 파는 것처럼 비춰지고 싶었다. 유니폼, 포장지, 트럭 래핑까지 미래 브랜드를 염두에 두고 만들었다. 고피자를 구글에 검색했더니, 같은 이름을 쓰는 피자집이 브라질에 한 곳 있었다. 임재원은 곧바로 상호 등록을 신청했다. 2016년 3월 푸드트럭이 시동을 걸었다.

한강공원 야시장에서 실험한 1인 화덕피자 가설

임재원은 "고정 주방이 없는 푸드트럭이 모든 외식업을 통틀어 물리적으로 가장 힘들다"고 했다. 그는 금요일 저녁부터 분주했다. 토요일 오후 장사를 준비하기 위해서다. 방 한 칸은 아예 업소용 냉장고와 식자재가 차지했다. 냉장고에는 도우, 토핑용 채소와 치즈를 손질해 넣어뒀다. 야시장이 열리는 오후 3시가 되기 전 재료를 차에 실었다. 마치 베이스캠프 없는 원정과도 같았다.

"700~800인분의 재료를 차에 실어요. 무게만 500~600kg 정도 됩니다. 식기류도 싣고요. 야시장에 도착하면 재료를 다시 내립니다. 집에 돌아갈 때 다시 싣고요. 이 과정의 무한 반복이죠."

푸드트럭에서 구워 파는 화덕피자는 이미 여럿 있었다. 남들과 같은 푸드트럭으로는 승산이 없었다. 어떻게 하면 트럭에서 한결 돋보이는 맛난 피자를, 편하고 효율적인 방법으로 구울 수 있을까.

"트럭 안에 있는 소형 화덕을 밖으로 빼보는 건 어떨까 생각했어요. 보통 푸드트럭에서는 화덕이 트럭 안 조리대 아래쪽에 위치해요. 피자를 구울 때 서서 토핑을 올린 다음, 쪼그려 앉아 화덕에

피자를 넣어야 하죠. 효율이 떨어져요."

임재원은 트럭을 개조했다. 화덕 입구를 트럭 바깥으로 뺐다. 트럭 밖에서 토핑이 완료된 피자를 넣고 뺄 수 있도록 했다. 이렇게 트럭을 바꾸니 조리대와 피자를 굽고 포장하는 공간이 분리되면서 빠르고 효율적으로 작업할 수 있었다. 그동안 연구한 피자의 모든 맛을 푸드트럭 고피자에 쏟았다. 가격도 낮게 잡았다. 도우 원가가 2,000원이었는데 책정 가격은 4,900원이었다. 너무 싼 가격일 수도 있지만, 임재원은 낮은 가격부터 시작해 얼마까지 고객의 구매 의사가 있을지 확인하고 싶었다.

금세 입소문을 탔다. 한강 야시장을 나간 지 4개월이 지나자, 한 달 매출이 400만 원을 넘었다. 하루 약 800판 정도의 피자를 판 셈이었다. 1인 피자 컨셉트도 주효했다. 연인의 간식으로, 한 사람의 끼니로 사람들이 피자를 가볍고 편하게 소비했다. 임재원은 회사를 그만두고 피자에 몰두했다. 아르바이트 직원이 12명까지 불어났다.

"피자에 대한 절실함과 열정을 증명하고 싶었습니다. 장사가 꽤 됐을 때도 부모님과 친구들 모두 '농담하지 마라', '잠깐 재미로 하는 부업일 것', 이런 시선이었습니다. 정말 진지하게 피자 굽는 일을 업으로 생각하고 있다는 걸 보여주고 싶었죠. 1년이 지나고 나니 다들 절 보는 시선이 바뀌더군요."

2년이 지나 푸드트럭으로 자신만의 가설을 검증한 개인사업자 임재원은 법인 고피자로 제대로 된 창업을 준비했다. 그는 "좋아하는 피자를 실컷 굽고 팔 수 있어서, 시장에 내 가설을 확인할 수 있어서 무척 즐거웠다"고 이 시절을 회상했다.

• • •

피자 요리에 인공지능이 필요한 이유

임재원의 꿈은 단순히 맛있는 피자를 만드는 것이 전부가 아니었다. 전세계로 확장할 글로벌 브랜드를 만들고 싶었다. 그러기 위해서 피자의 제조 방식을 포함해 관습처럼 여겨졌던 것들을 바꾸기로 했다.

"기존 피자는 매장에서 발효, 숙성해 오븐에 굽습니다. 원가 상당 부분은 매장에서 피자를 굽는 직원들의 인건비입니다. 고피자는 도우 공장에서 초벌한 도우를 매장으로 보내고 그걸 자동 화덕에 넣어 빠르게 구워냅니다."

임재원은 "'피자의 맛'은 도우, 굽는 방식, 토핑이 결정하는데 제일 중요한 것은 도우, 그 다음이 굽는 방식"이라며 "둘을 혁신해야 맛을 바꾼다"고 했다. 사업 초기에는 외부에서 반죽한 초벌 도우를 납품받았다.

'푸드트럭 시절과 맛이 다르다'는 고객 리뷰가 쏟아졌다. 벌써부터 도우가 맛없으면 안 됐다. 글로벌 판매를 위한 스케일업을 위해서라도 직접 도우를 만들 필요가 있었다. 임재원은 밀가루, 베이커리 전문가들을 섭외해 최적의 도우를 위한 밀가루 배합을 찾았고, 공정도 직접 기획했다. 그렇게 고피자 전용 도우와 도우 공장을 만들었다. 고피자 매장이 10개에 불과하던 때다. 피자 굽는 방식도 바꿨다.

"화덕은 열이 강해 바삭하고 맛있는 피자를 빨리 구울 수 있습니다. 반면, 강한 열 탓에 피자 도우가 두꺼우면 밖은 타고 안은 안 익습니다. 그래서 수제 피자집에 가면 직원들이 땀을 뻘뻘 흘리면서 화덕 안에서 피자 위치를 바꿔줍니다. 여러 개의 피자를 넣었다가 빼는 시간도 기억해야 합니다. 그래서 인건비가 많이 듭니다. 표준화와 생산성이 중요한 글로벌 업체들이 화덕피자를 애초부터 만들지 않은 데는 다 이유가 있었던 거죠."

고피자는 화덕을 자체 개발했다. 이름은 고븐. 고피자의 고와 오븐의 합성어다. 고븐Goven은 화덕 안에 돌판이 있다. 피자를 돌판에 얹고 돌판을 턴테이블처럼 돌린다. 화덕 안에 도우 위치를 조정하지 않고도 열이 골고루 전달된다. 화덕 온도도 오븐 스스로 잰 다음, 온도가 높으면 스스로 식히고, 피자가 투입된 시간을 기억해 기계 밖으로 피자를 꺼내주기도 한다.

"피자를 모르는 직원이 출근 첫날에도 피자를 맛있게 구울 수 있도록 도와주는 기술입니다. 숙련도가 맛과 속도를 결정하거든요. 피자집 주방에는 토핑 재료를 쭉 모아둔 보관함이 있습니다. 이 기술을 쓰면 주문한 피자 레시피 순서대로 재료함에 불이 들어옵니다. 불이 들어오는 순서대로 토핑을 얹으면 작업대 위에 있는 카메라가 피자 상태를 실시간으로 확인하고, 토핑 정확도를 체크해 줍니다."

임재원은 인공지능 스마트 토핑테이블 기술에 빠져있다. 예컨대 도우를 올리면 '토마토 소스를 넣으라'는 명령이 출력되면서 토마토 소스 보관함에 불이 들어온다. AI에는 '소스는 도우의 92% 면적까지 충분히 발라야 한다'고 입력되어 있다. 피자에 소스를 충분히 바르지 않았다면 비전 센서로 피자 상태를 확인한 AI가 다음 재료를 넣으라는 사인을 주지 않는다. 92%를 발라야 치즈 토핑을 가이드해 준다.

이 기술을 위해 고피자는 피자 사진을 10만 장 이상 찍어 AI 딥러닝 하고 있다. 고피자는 미국 특허를 준비하고 있다. 서브웨이나 다른 피자 체인에도 팔 만한 기술이라는 게 그의 설명이다.

고피자의 다음 목표는 빠른 해외 진출이다. 테크놀로지에 기반한 피자 제조는 국가의 벽이 없다. 한국의 고피자 가맹점 피자가 맛있다면 싱가포르, 인도, 홍콩에서도 마찬가지다. 인공지능 스마트 토핑테이블 기술을 통해 음식 프랜차이즈의 가장 큰 어려움인 균일한 맛의 유지라는 한계를 극복한 것이다. 임재원은 2023년에는 해외 매출의 비중을 40% 이상으로 만들겠다는 목표를 가지고 있다. 이미 100곳 이상의 해외 점포가 고피자의 이름으로 등장했다.

"피자는 세계인이 먹는 음식입니다. 그래서 피자를 택한 이유도 있습니다. 고피자가 아니라 고국밥이나 고빈대떡이면 이렇게 투자 유치도 어려웠을 거예요. 우선 싱가포르를 집중 공략하고 다른 동남아 국가로 확장하는 전략입니다."

한국의 작은 스타트업이 세계에 피자를 팔 수 있을까. 임재원은 '오히려 작아서 가능하다'고 자신한다.

"도미노피자 전 세계 매장이 1만 8천 개쯤 됩니다. 매장 점주들을 모두 설득해 설비와 공정 과정을 모두 바꾸는 것도 아주 어려운 일입니다. 하지만 고피자는 아직 작고 가볍습니다. 요식업의 새로운 성공 방정식, 오히려 스타트업이라 쓰기 쉽습니다. 틀려도 다시 풀면 되니까요."

임재원 대표의 사무실에서 필 나이트의 자서전 《슈독》을 발견했다. 임재원은 가장 존경하는 창업가라고 했다.

"필 나이트는 천부적인 능력을 타고난 '경영의 신'은 아닙니다. 하지만 자신이 런닝과 운동화를 좋아한다는 이유로 투잡을 뛰면서 열정적으로 운동화를 팔았고 좌충우돌하면서 지금의 나이키를 만들었습니다. 어리석고 무모한 결정도 내리지만, 역경을 극복하는 과정은 하나의 모험 아닐까. 모험 그 자체가 창업 아닐까요."

고피자 임재원 "100% 확신은 없다"

창업 전에는 누구나 근거 없는 자신감도 있지만
근거 없는 두려움도 있는데요. 1인 피자 라는 아이디어를
100% 확신하지는 못했을 텐데, 어떻게 믿음을 가지고 실행했나요.

사업뿐만 아니라 인생에서도 100% 확신할 수 있는 것은 없다고 생각합니다. 사실 처음에는 지금처럼 고피자가 이렇게 제 인생의 전부가 될지 몰랐습니다. 다만 하루하루 문제를 찾아서 해결하는 과정을 반복해 실행하다 보니 여기까지 왔네요.
딱히 어떤 사건과 계기가 있다기보다 처음에 '왜 맥도날드에서는 피자를 안 팔지?'라는 단순한 생각으로 시작해 '피자를 만드는 게 오래 걸리나? 그럼 피자를 직접 만들어보자. 피자를 만들 수 있는 피자 매장에서 일을 해보자. 일을 해보니 도우와 오븐이 문제네. 그럼 새로운 형태의 도우와 오븐을 개발해보자.' 이런 식으로 제가 도달하고 싶었던 단순한 개념까지 한 발자국씩 실타래를 풀어온 것 같습니다. 물론 제가 1년 넘게 방구석에서 혼자 연구하고 공부했던 것들이 푸드트럭 장사하던 첫날 '빵' 터지는 걸 본 것처럼 믿음이 현실로 이뤄지는 게 멋지다는 생각을 한 적은 몇 번 있습니다.

12

강남언니:
뉴욕양키스 같은 창업 팀과
10x 철학의 접점

배는 항구에 정박해 있을 때 가장 안전합니다.
하지만 그것이 배의 존재 이유는 아닙니다.
카카오 창업가 김범수 (2007년 NHN를 떠나면서)[19]

대기업과 스타트업은 리소스 측면에서 경쟁 상대가 되지 못한다. 수조
원을 연구개발비로 쓰는 대기업과 직원수 10명짜리 스타트업이 같은
시장에서 부딪쳤는데 스타트업이 이긴다는 건 넌센스다. 하지만 비상
식적인 일은 줄곧 벌어지고 있다. 너무 흔히 발생하는 통에 경제·경영
학자들 사이에서는 온갖 이론이 등장하는 현실이다.

  '버리고 떠난 이의 강함'도 그런 한 가지 이론일 것이다. 스타트업에
는 안정된 직장과 약속된 미래를 버린 창업가가 있다. 그들의 절실함은
리소스의 경쟁력만으로 설명할 길이 없다. 절실함을 어떻게 리소스의
숫자로 치환해 확인하겠는가.

홍승일 힐링페이퍼 창업가는 연세대 의대를 나왔다. 의대생이 창업한 스타트업, 흔한 것 같지만 막상 그렇지도 않다. 예컨대 천재 의대생이 바이오 기업에 취직했다가 대표가 되는 경우는 있다. 의대 교수가 본인의 연구 성과를 가지고, 외부 자금을 모집해 성과를 현실에 보여주기 위한 창업은 적지 않다. 홍승일에겐 조금 다른 냄새가 난다.

그는 '의사'라는 항구를 버리고 떠난 배이기 때문이다. 보장된 안락함을 버리고, 실패 시 바닥 추락을 각오한 여느 스타트업의 창업가와 같다. 홍승일의 존재 이유는 창업 그 자체였고, 그의 절실함이 힐링페이퍼를 움직이는 동력이었다. 홍승일은 "애초에 적당히 이익 남기고 행복하게 살자고 창업한 팀이 아니고, 우승 아니면 감독 교체라는 뉴욕 양키즈와 같은 창업 팀"이라고 한다.

강남언니
홍승일

• • •

1982년생. 연세대 의대를 졸업했다. 현재 200억 원 이상 누적 투자를 유치했고 한국 성형외과 세 곳 중 한 곳이 강남언니에 입점했다. 10~20대 여성 회원만 200만 명에 육박한다.

한국 사회에서 이보다 더 '힙한 젊은 창업가의 조건'을 맞춘 이가 있을까. 스타트업을 배경으로 한 드라마 주연 배우를 상상하면, 톰브라운 셔츠를 입고 날렵한 뿔테 안경을 낀 지적이면서 친절한 창업가를 연상할 테다. 하지만 활짝 웃는 그의 모습을 보는 순간, 선입견은 사라진다.

"저 파마 했어요. 잘 어울리나요. 인터뷰 한다고 해서 신경 쓴 건데요. 오랜만에 면도도 했습니다. 미용실을 들를까 했는데 사진은 따로 안 찍는다고 해서 그냥 오긴 했어요. 요즘 자연인 같다는 말을 많이 듣긴 합니다. 하하."

편견을 깼다. 성형 플랫폼보다 훨씬 큰 꿈에 가까이 갈 창업가일지 모른다.

• • •

연세대 의대생의 9년 도전기

암, 고혈압, 당뇨, 갑상선 그리고 성형

'강남언니'라는 이름은 도발적이다. 성형 플랫폼이라는 사업 영역도 그
렇다. 혁신을 말하기엔 왠지 뒷전에 밀어놔야 할 것 같다. 반대로 사명
인 힐링페이퍼는 고급스럽다. 고급진 회사 이름과 현재 사업 영역인 성
형은 마치 2012년 창업 당시와 2015년 강남언니라는 서비스 론칭할 때
의 간극을 말하는 듯했다. 홍 대표에게 강남언니를 시작할 당시는 정박
한 항구에서 겨우 출항한 힘겨운 시기였다.

" '언니에게 물어봐'라는 콘셉트인데, 박기범 공동창업자가 지었어
요. 팀원이 만장일치로 기가 막히다며 찬성했어요. 사실 강남언니
이전에 몇 차례 실패를 거듭하면서 느낀 게 있어요. 모두에게 사
랑받으려다, 누구에게도 사랑받지 못한다는 거요. 꼭 필요한 사람
한테 간절하게 잊혀지지 않는 서비스를 하자는 생각이요. (강남언
니가 편견을 부를 수도 있지만) 솔직히는 당시 계속된 실패로 악에 받
쳐서, 싫어하는 사람은 안중에도 없었어요.
성형은 굉장히 절박한 영역이에요. 부모님이 말린다고 안 하고,
부모님이 하라고 해서 하고 그런 영역이 아니에요. 저희는 몰라
서 안 쓰는 건 이해하지만 강남언니가 뭔지 알면 무조건 쓸 수밖

에 없는 서비스를 만들 겁니다. 강남언니가 내세운 '언니 없이 하지마'는 결국은 누구의 눈치를 보면서 하는 게 아니라, 성형은 꼭 내가 주체적이고 합리적인 판단으로 해야 한다는 의미이기도 해요. 성형수술 부추길 생각은 애초에 없었어요."

홍승일은 '악에 받칠 정도의 실패'라고 했다. 힐링페이퍼는 2012년 7월 창업했고, 첫 매출은 2015년 8월이다. 3년 1개월간 매출이 전무했다. 공동 창업가들은 월급을 안 가져갔다. 개발은 외주자에게 맡겼다. 그나마 있는 돈은 디자이너 직원 월급에 쓰였다.

"당시 매출 0원보다 힘들었던 점은 '우리가 뭘 만들어도 고객 반응이 안 온다'는 것이었습니다. 암, 당뇨 등등 참 많이 실패했어요. 힐링페이퍼 법인 만들고 창업할 때가 의대 본과 3학년이었어요."

사실 홍승일은 힐링페이퍼 창업 전만 해도 말 그대로 승승장구했다. 1학년과 2학년 때 연속해서 2건의 성공 스토리를 썼다. 창업까지는 아니지만 소소한 성공을 거듭한 것이다. 의전원에 합격하고는, 본과 1학년 방학 때 의전원 시험 정보 사이트를 만들었다. 성공의 맛을 봤다. 본인이 의전원 시험을 봤는데, 정보 공유가 제대로 안 되는 걸 보고 사이트를 만들었다. 무려 2만 명이 썼다. 작은 시장이긴 하지만 국내 최대 의전원 시험 공유 사이트다. 기존 경쟁 사이트가 있었지만 단숨에 앞섰다.

본과 2학년 때는 출판사를 만들었다. 그의 출판사 프로젝트에는 연세대와 서울대에서 17명이 모였다. 대부분 의대생들인데 의전원 시험 공유 사이트 성공을 보고, 그의 주변에 모인 것이다. 출판사를 설립한 의도도 명확했다. 의전원에 입학해 보니 의대생들도 학원을 다닐 수밖에 없는 게 현실이었다. 당시에는 의대생들도 메가스터디 학원을 다녔는데, 성인 교육 시장이라 학원 수강료는 비쌌다. 과목당 50~60만 원 정도였다. 많게는 10과목을 넘게 듣는 사람도 있었다. 똑똑한 의대생들이 학원에 다니는 이유는 시험 문제 풀이 때문이다. 본인 실력을 확인하기 위해 시험 문제를 풀어보고 싶은데, 메가스터디는 문제집을 팔면서 정답과 해설은 안 팔았다. 꼭 수강을 해야 풀이를 얻을 수 있는 것이다.

"늦은 나이에 학원을 다니려니 창피하다는 사람들이 주위에 여럿이었죠. 정답과 해설이 있어 독학할 수 있는 문제집을 만들려고 했습니다. 연세대, 서울대에서 17명 정도가 금방 모이더군요."

• • •
창업만 하면 대박날 것이란 의대생의 꿈은 허상

2차례의 연속 성공에 고무된 홍승일은 본과 3학년 때 건강 관리 앱을 만들자고 했고, 그게 창업이었다. 홍승일은 "그때는 시작만 하면 엄청난 성공을 하고 유명세를 탈 줄 알았는데 그렇지 않았다"고 했다. 당시 연세대 의대에는 무엇이든 학생들이 하고 싶은 일을 할 수 있도록 두 달 정도 지원하는 제도가 있었다. 외국 가서 국경없는의사회 같은 활동을 하거나, 제약회사에서 일하는 경험을 쌓는 식이다. 홍승일은 두 달 간 스타트업 창업을 준비했고 청년창업사관학교에 신청해 합격했다. 청년창업사관학교의 지원 조건은 스타트업에서 풀타임으로 일하는 것이었다. 휴학하고 법인을 만든 게 힐링페이퍼다.

모든 한국 부모의 꿈이라는 의사 아들의 길에서 이탈한 것이다. 본래 대한민국 창업가의 가장 큰 적은 부모님의 기대라고 했다. 부모님은 아이들이 당신의 눈앞에서만 흙장난하길 바라듯, 당신의 경험칙에서 볼 때 자녀들이 가장 편안하게 살 수 있는 직업을 얻길 바란다. 적어도 스타트업 창업은 그런 길이 아니다. 부유한 집안도 아니라서 한 번 실패하면 돌이킬 수도 없었기에, 의대생 아들의 창업을 반대할 수밖에 없었다. 자영업을 했던 그의 부모로서는 더더욱 그랬다. 하지만 홍승일 창업가의 부모님은 기꺼이 설득을 당해줬다.

"집안에 무적의 논리가 하나가 있었어요. 그 무적의 논리에 부모님이 허락했어요. 어린 시절, 영화감독이 되겠다고 친구들과 캠코더를 들고 돌아다녔고 부모님은 '그래도 안정적인 길을 가야한다'고 했죠. 그때마다 '부모님이 꾹 참고 희생한 이유는 당신은 하고 싶은 것 못 하고 사셨지만, 자식들은 하고 싶은 것을 하는 삶을 살

수 있도록 하기 위해서였지 않나요'라고 반문했죠."

창업이 정말 아들이 원하는 삶이니 허락해 달라는 논리다. 그렇게 시작한 힐링페이퍼가 매출 제로에 허덕였다. '악에 받칠 정도의 실패'라는 표현이 나온 배경이다. 사실 힐링페이퍼 창업 멤버에는 홍승일 말고도 의대생 2명이 더 있었다. 하지만 창업하고 계속 매출 0원이 이어지자, 한 친구가 먼저 학교로 돌아갔다.

"돌아간 친구는 영상의학과예요. 톱클래스죠. 성적이 굉장히 좋아서 공부한 게 아까웠을거고요. 지금은 군의관이에요. 좋은 친구라서, 나중에 어떤 식으로든 다시 엮일 것 같아요. 아까 본과 2학년 때 17명이 출판사를 같이 했다고 했잖아요. 그때 일해보니, '같이 일하고 싶은 친구'였어요. 그런 사람 찾기 정말 힘들잖아요. 저는 사실 공부도 셋 중 가장 안 좋아했고, 어차피 의사로서도 톱은 어려웠을 겁니다."

• • •

암 환자와 가족, 의사가 함께 쓰는 치유의 기록

당초 창업 팀의 아이템은 성형이 아니고 암 환자의 페인 포인트 해소였다. 힐링페이퍼도 암 환자의 롤링페이퍼에서 이름을 따왔다. 환자와 가족, 의료인이 함께 만든 치유의 기록, 그리고 신뢰받을 만한 정보를 공유하는 서비스를 만드는 게 목표였다. 하지만 이용자가 전혀 따라붙지 않았다. 암에서 실패를 경험한 다음은 고혈압과 당뇨로 고생하는 분들의 식습관 관리에 도전했다. 이 역시도 실패했고 그다음은 갑상선 질환자를 위한 서비스를 했다. 모두 별다른 반응 없이 지지부진했다.

"대학 때 만든 사이트를 매각해서 겨우 디자이너분 월급을 줬고, 창업가들은 월급 가져가지도 못했죠. 본래 창업할 때만 해도 '감당하지 못할 만한 성공'을 하고 유명세를 치를까 고민했었는데 말이에요. 창업할 때는 의대로 돌아갈 생각도 안 했죠. 마크 저커버그도 학교로 안 돌아갔으니까.
하지만 계속 실패했고 결국 의대로 돌아가, 의사자격시험을 준비했어요. 그렇게 국시 준비하면서 다시 시작한 사업이 강남언니입니다. 2015년 1월 국시 합격자 발표인데, 같은 달 강남언니를 시작했어요. 시험 공부를 하면서 강남언니도 준비한 거죠. 어차피 1등으로 국시 붙자는 것도 아니었으니까요. 국시 준비하면서 벤처캐피털도 만났고, 강남언니 출시하고 서너 달 뒤에 3억 원 투자도 받았습니다."

모건 맥콜Morgan McCall의 '경험의 학교' 모델은 실전적인 경영 방식을 말한다. 직함보다는 실제 업무를 해봤는지, 경험의 학교를 제대로 졸업했는지가 업무 능력을 좌우한다는 것이다. 삼성전자의 임원 출신이 중소기업이나 중견기업에 가면 기존 임원보다 몇 배나 뛰어난 성과를 낼 것 같지만 그렇지 않다. 삼성전자 임원이 훨씬 큰 조직에서 보다 어려운 미션을 성공했을지는 몰라도, 옮겨간 중소기업의 페인 포인트를 제대로 경험해 보지 못했기 때문이다.

홍승일은 경험의 학교를 나왔다. 강남언니의 론칭에는 3년 1개월간 경험의 학교에서 얻은 체득 교훈이 녹았다. 홍승일은 암·고혈압·당뇨·갑상선에 차례로 도전하고 순서대로 실패했다. 의료 시장의 플랫폼이란 무엇인지 교과서가 아닌 경험의 학교에서 스스로 습득했다. 강남언니는 이전 실패한 암, 고혈압, 당뇨, 갑상선과는 달랐다. 시작하자마자 활성 유저가 올라가는 그래프가 나타났다.

"전에 암이나 당뇨, 고혈압 서비스를 낼 때마다, 바로 그 시점엔 '이거 난리 나겠군'하고 흡족했어요. 자신 있었거든요. 이렇게 큰 시장에서 조금만 문제를 해결해도 성공할 수 있다고 봤죠. 하지만 문제는 시장의 크기가 아니라, '우리가 풀 수 있는 문제인가'라는 대목이었어요. 실패의 연속에서 계속 배우고 피벗하는 과정을 거쳤습니다. 급여와 비급여를 기준으로, 엄청 큰 급여 시장에서 이것저것 다 해봤지만 할 수 있는 게 없었죠. 의료 영역은 해결한다고 하기에는 막연했습니다.

그때 배운 것, 어떤 변화를 먼저 받아들이는 사람이 있다는 대목이죠. 고혈압과 당뇨 실패 다음에 갑상선에 도전한 이유는 30대 여성이 갑상선 질환에 많이 걸리기 때문이에요. 하지만 그것마저 실패했고 먼저 받아들일 세대 18~24세를 봤죠. 피부관리 시술은 경제력이 있는 30대 시장이고, 더 젊은 고객들은 성형수술이었어요. 거기서부터 시작했습니다. 비급여이면서 먼저 받아들일 고객이 있는 시장이요."

3차례 실패 후에 등장한 강남언니는 시작과 동시에 이용자 수가 급등했다. 회원 수는 300만 명이 넘는다.

"비즈니스 모델은 100% 광고 모델입니다. 2020년 매출은 120억 원입니다. 현재 성장하는 단계고, 적자는 10억~20억 원 수준이에요. 흑자에 안주하려면 흑자 내는 것도 가능할 것 같아요. 예전에 중간에 몇 달간 이익이 난 적이 있는데 그 숫자를 확인하고는 더 돈을 쓰면서 성장에 베팅하자는 생각에 더 공격적으로 갔어요. 적자로 회계연도를 끝냈습니다. 그렇다고 '무작정 몸집 먼저 키우자'도 아닙니다. (균형을) 맞춰서 가는 수준입니다."

성형의 혁신과 대형병원이 만든 신화

강남언니가 성형의 확산을 불러올 테니 모든 성형외과가 환영할까. 사실은 정반대다. 강남언니는 성형과 관련된 모든 정보를 투명하게 공개하자는 플랫폼이다. 보톡스 가격은 얼마인지 홈페이지에 고지하라고 해도 병원은 잘 따르지 않는다. 일부에서는 가격을 표시하는 게 외려 의료계에 안 좋다는 의견도 있다. 과다 경쟁은 퀄리티 저하로 이어지고, 결국 환자에 안 좋다는 논리다.

"고객들은 좋은 의료 설비에서 좋은 의사에게 진료를 받고 싶지 않을까요. 아니, 본인이 직접 그런 정보를 알고 고르고 싶지 않을까요. 예컨대 의료 설비도 좀 더 구체적으로 공개하는 게 좋죠. 자동차라고 보면 구형 1대를 보유한 것과 최신형을 가지고 있는 것은 엄연히 다르고, 환자들은 최신 의료 설비인지 여부를 아는 게 더 낫죠. 반대로 병원에선 좋은 설비를 갖추면 자랑하고 싶어요. 이걸 하지 말라고 할 수는 없잖아요."

강남언니는 성형과 관련한 정보의 비대칭을 깨려는 시도다. 그는 "정보 비대칭을 깨는 강남언니는 많은 개원의에게 우군"이라며 "잠재 고객들 사이에서 성형 대형병원들이 과대평가되는 경향이 있다"고 했다.

"성형 대형병원들은 눈도 잘하고 코도 잘 세우고 턱도 잘 깎고 이런 식의 브랜딩을 해서 엄청 규모를 키우거든요. 하지만 대표 원장님이 아무리 능력 있다고 해도 본인이 하루에 100건씩 수술할 수는 없어요. 눈 수술만 하루 10번 하는 의사가 하루에 눈·코·가슴·윤곽 등을 모두 한두 번씩 하는 의사보다 눈 성형은 확실히 잘하지 않겠어요? 강남언니 같은 플랫폼에 이런 정보가 공개되면, 그들(대형 성형외과)에 대한 신화가 없어질 겁니다. 강남언니가 기업화한 성형 병원에서 환영받지 못하는 이유이기도 해요. 대형병원은 이곳저곳에 광고하고 이미지 포장하는 데 반해 동네 병원이 할 수 있는 일이라곤 입소문 정도입니다. 강남언니는 입소문을 더욱 커지게 하는 역할입니다. '좋은 의료만 하시면, 우린 그 평판을 퍼트려 드린다'는 콘셉트이죠."

• • •

문제는 '얼마나 큰 시장에 도전하느냐'가 아니라,
'우리가 풀 수 있는 문제'인가라는 점이다

강남언니는 일본 시장에 진출한 상태다. 일본은 한국보다 규제를 완화해 성형 플랫폼의 잠재력이 훨씬 크다. 한국에서 의료 플랫폼이 수익을 낼 수 있는 방법은 기본적으로 광고 모델밖에 없다. 병원에 환자를 데려다 주고 수수료를 받는 모델은 불법이다.

일본이나 중국에서는 이 모델이 합법이라 이미 자국 내 탄탄한 성형 플랫폼이 성장하고 있다. 강남언니는 이곳들과 경쟁 중이다. 한국의 규제는 모순도 있다. 한국에서도 내국인 알선은 불법이지만 외국인 환자를 병원에 알선하는 건 합법이다. 규제의 기준점이 모호한 것이다. 병원 알선이 불법이라는 규제의 기반에 확고한 철학이나 이념이 있는 것이라면, 내외국인 구분은 있기 어렵다. 단순히 대형병원 입장에서는 한국 고객은 직접 영업 가능하니, 알선이 필요 없고 외국 고객은 외국 소개업자가 필요하니 알선을 필요로 하는 게 아니라면 말이다.

"사실 안타깝기도 해요. 한국에서만 불법인 것들이 사라졌으면 합니다. 코로나 전에 원격 상담 서비스를 냈다가 폐기한 적이 있는데 일본과 중국은 이미 화상 의료 시장이 한참 앞서고 있잖아요. 우리도 고도화할 기회가 있었는데 아쉽죠. 일본 경쟁업체 토리뷰의 이용자는 50만 명, 일본에서 강남언니의 이용자는 28만 명 수준입니다. 토리뷰는 환자를 병원에 소개하고 수수료를 받는 모델이죠. 일본 강남언니는 진출 4개월에 입점 병원 350곳을 확보해 현재는 토리뷰와 대등하게 크고 있고요. 하반기에는 일본에서 연예인 마케팅도 하고, 수수료 모델을 내놓을지도 고민 중입니다. 어정쩡한 1등이 아니라 압도적 1등을 원합니다. 그 시기는 빨리 왔으면 하고요. 강남언니가 '톱 오브 마인드', 사람들의 인식 속

최고 플랫폼이 되는 날이요."

• • •

나이 드는 게 늙는 게 아니라
성장이 멈추면 그때 늙는 것

홍승일은 "스타트업 창업가로서 영원히 성장하고 싶다는 게 철학"이라며 "나이 드는 게 늙는 게 아니라, 성장이 멈춘 뒤부터 늙는 것 아닐까요"라고 한다.

"애초에 적당히 이익 남기고 행복하게 살자고 창업한 팀이 아니고, '우승 아니면 감독 교체'라는 마음가짐의 뉴욕 양키즈와 같은 창업 팀입니다. 미용 의료 분야에서 병원과 의사 선택할 때 강남언니 말고는 생각나지도 않게 하자는 목표입니다."

강남언니 사무실에는 위스키 바가 있다. 노래방 기계도 있다. 회사에서 술을 마시고 노래를 불러도 되는 게 강남언니의 문화일까. 절반은 맞고 절반은 틀리다. 음주가 중요한 게 아니라, 직원들이 스스로 판단하고 행동하는 데 대해 자율성을 최대한 존중하는 것이다.

"위스키바는 한 팀원이 본인 판단으로 만든 겁니다. '이 정도는 그냥 우리끼리 오케이'가 강남언니 기업 문화입니다. 사전에 컨펌받는다는 식이 아니고요. 평소 우리는 '틀리다'와 '맞다'를 완벽히 다른 개념으로 인식합니다. 틀리다를 맞다의 여집합, 정반대라고요. 하지만 성공의 개념(맞다)에는 실패(틀리다)가 포함되어 있는 것 아닐까요. 단, 실패해도 좋은데 핵심 요소만 가지고 부딪혀야죠. 스타트업도, 대기업도 마찬가지입니다. 99%까지 조사하고 검증하고 확신을 가질 때까지 기다려서 실행하면 늦어요. 속도와 정확도의 밸런스를 찾아야 합니다. 강남언니의 기업 문화는 '사전에 컨펌은 없다' 입니다. 선제적 대응이죠. 우리가 목표는 10배, 100배 성장인데, 이걸 10% 개선을 조금씩 해서는 목표에 도달할 수 없습니다. 오직 자율과 몰두입니다."

래리 페이지의 10x 철학. 구글이 하는 일은 모두가 지금까지 경험한 어떤 것보다도 10배 더 위대하고, 더 나으며, 더 빨라야 한다.[20] 홍승일의 경영 방식은 구글의 10x와 닮았다. 현재보다 10%의 개선을 원하는 경영과 10배의 성과를 추구하는 경영은 같을 수 없다.

"공부로 비유해 볼까요. 5등을 하다가 4등을 하려면 문제집 10페이지 풀던 걸 늘려 11페이지 풀고 공부 시간을 1시간 늘리면 될지 몰라요. 선생님 입장에서는 5등 학생에게 잔소리하고 혼내면 성취할 수 있을지 몰라요. 하지만 100등에서 1등이 되려면 그 정도로는 부족합니다. 스스로 마음을 잡고 집중해서 공부하는 방법밖에 없죠."

13

정육각:
은 총알은 없다, 납 총알을 들어라

이 문제를 해결할 은 총알은 없다네. 단지 납 총알만 있을 뿐.
앤드리슨 호로위츠 창업가 벤 호로위츠[21]

영화 〈블레이드〉처럼 뱀파이어나 늑대인간이 등장하는 영화를 보면 은 총알silver bullet 이 나온다. 말 그대로 은으로 만든 총알이다. 어떤 약점도 없는 것처럼 느껴졌던 악마와 괴물이 은 총알 딱 한 발을 맞고는 재가 된다. 어떤 문제를 한 번에 해결하는 마법 아이템, 그게 은 총알이다. 비즈니스에도 은 총알은 있다. 누구도 생각하지 못했던 완벽한 발상 전환으로 새 시장을 열거나 투여 비용을 확 줄인다.

1) 스티브 잡스의 아이폰
화면을 터치하는 방식으로 휴대폰을 만들면 어떨까?

2) 팀 버너스 리Timothy John Berners Lee의 월드 와이드 웹

전세계 정부 대학 기업의 사내통신망을 하나로 묶을 수 있을까?

3) 일론 머스크의 스페이스 X

로켓이 일회용이라고? 재활용해야 우주여행이 싸진다.

대표적인 혁신 은 총알이다. 누구나 다 아는, 그만큼 세상을 바꿨거나 바꾸고 있는 혁신들. 하지만 이런 혁신이 과연 몇이나 더 있을까. 아쉽게도 비즈니스 현장에선 납 총알이 난무한다. 천재적인 개발이나 발상으로 모든 고민과 문제를 프로세스 한 번에 해결하기보다는, 직접 현장에서 몸으로 부딪쳐야, 조금씩 프로세스가 나아진다. 가죽 재킷의 금발 20대 청년이 위태롭게 장총을 들고 뛰다가, 영화 엔딩 10분 전쯤 어찌어찌 얻은 한 발의 은 총알로 뱀파이어를 쏘는 게 아니라, 〈라이언 일병 구하기〉의 병사들처럼 흙탕물에서 뒹굴고 소총을 내갈기며 적군이 총알에 맞았는지 여부도 모른 채 그래도 또 M1을 드는 것이다.

실리콘밸리 벤처캐피털 앤드리슨 호로위츠Andreessen Horowitz의 창업가 벤 호로위츠는 투자 심사 때 언제나 스타트업들이 은 총알에 집착하는 게 싫다며 납 총알론을 펼친다. 'OEM(위탁생산)을 맡기고 브랜딩에 집중하겠다'는 스타트업에 '왜 직접 제조에 뛰어들어 제대로 경쟁할 생각은 하지 않느냐'는 의미를 담아 "은 총알을 찾는 짓 따위 그만두라"는 식이다. 현장에 뛰어들지 않고는 뾰족한 답을 찾기 어렵다는 의미다. 그의 경험이 묻어있는 조언이다. 벤 호로위츠는 소프트웨어 회사 옵스웨

어의 창업자 시절, 강력한 경쟁자 등장 탓에 여러 거래에서 패배했다. 그는 동료들에게 "우리에겐 은 총알은 없고 납 총알만 있습니다"라고 했다. 문제 해결 방법은 수단과 방법을 가리지 않고 오직 더 싸고 나은 제품을 만들어내는 것뿐이었고 실제 그들은 그렇게 개발에 몰두해 위기를 돌파했다.

창업가 김재연과 그의 정육각은 납 총알을 잔뜩 품고 축산업이라는 전쟁터에 뛰어든 라이언 일병에 가까운 회사다. 정육각은 신선한 고기를 집 앞까지 배송하는 서비스. 도축한 지 3일 안에 먹는 돼지고기가 가장 맛있다는 주장을 펼치며 신선식품 배송 시장을 빠르게 잠식했다. 모바일 앱, 배송 시스템, 신선한 고기와 여러 상품은 인공지능과 첨단 배송 시스템만으로 만들어질 수 없다. 창업가 김재연은 경기도 안양의 폐업 참치집에서 돼지고기 세절細切(도축된 고기를 먹기 좋은 크기로 자르는 일)을 직접 했다. 현재 정육각의 핵심 비즈니스 프로세스도 직접 고기를 가공하는 일에서 출발한다. 정육각은 분명 스타트업이다. 하지만 우리가 상상하는 실리콘밸리 스타트업처럼 모니터 앞에서 모닝커피와 샌드위치를 먹는 모습보다, 돼지와 소 고깃덩이 사이에서 칼질하는 정육점에 더 가까운 팀이다. 고기를 직접 다루지 않고 고객에게 더 맛있는 고기를 팔 수 있을까. 그런 은 총알은 없다.

카이스트 수학과 졸업생이라면 형이상학적인 개념의 은 총알을 찾을 법하지만 김재연은 돼지고기 유통 프로세스의 한 땀 한 땀씩 개선하는 방법을 택했다. 확고한 개선 방안이 성공적으로 마련되면 정육각은 정육점에 머물지 않을 것이다. 같은 방식은 해산물에도 농산물에도 똑같이 적용 가능하기 때문이다. 수백 발의 납 총알이 결국은 어떤 농·축·수산물이든 뚫는 은 총알로 진화할는지도 모르겠다.

정육각
김재연

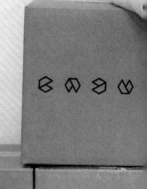

• • •

1991년생. 어려서 수학을 좋아했다. 동네에서는 꽤 날리는 수재 소리를 듣던 소년이었다. 한국과학영재고에 입학했다. 룸메이트를 포함해 수학 영재들을 만나고 충격과 좌절을 겪었다. 카이스트 수학과 09학번으로 입학했지만 순수 수학보다는 코딩과 같은 응용 수학에 애착을 느꼈다. 그가 수학 다음으로 좋아했던 게 고기였다. 맞벌이 부모를 둔 수학 수재 고등학생은 간편하면서도 맛있는 식사를 하기 위해, 삼겹살을 구워 고기쌈을 해먹었다. 어머니는 항상 김치냉장고 가장 오른 켠에 삼겹살을 뒀고, 그 삼겹살이 김재연의 업이 되었다.

수학 수재에게 돼지고기 맛있게 굽는 법을 물었다. 포인트는 세가지다. 1. 삼겹살 두께가 24mm일 것(그래야 고기를 세워 4면을 다 구울 수 있다). 2. 팬은 연기가 날 정도로 뜨겁게 달구고 고기를 올릴 것. 3. 목살은 기름을 살짝 두른 상태에서 구울 것.

정육각

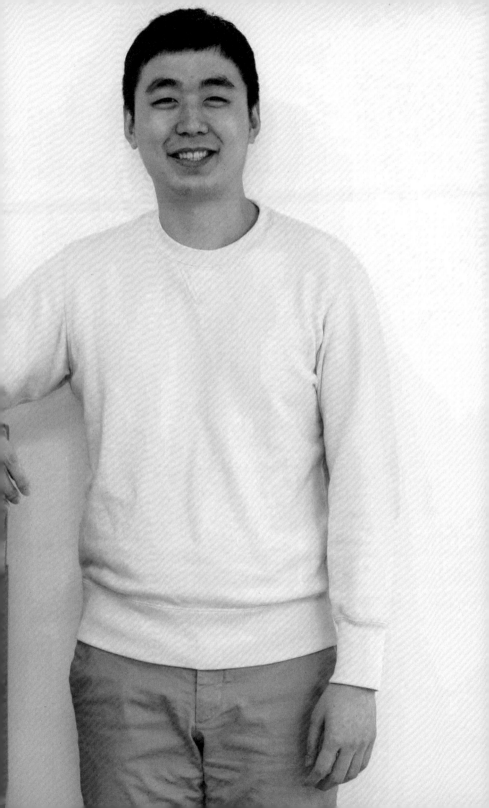

● ● ●
세절론, 잃어버린 맛을 찾아서

정육각은 축산업의 밸류 체인value chain인 '축산 농장-도축장-육가공 공장-세절 공장-소매점'에서 '세절 공장-소매점'을 수직계열화한 스타트업이다. 김재연은 "아마 이 둘을 모두 하는 회사는 정육각이 처음일 것"이라고 한다. 구체적인 과정은 이렇다. 농장에서 돼지를 키운다. 도축장은 넘어온 돼지를 도축한다. 도축한 돼지는 내장 없이 반으로 갈린 상태가 된다. 육가공 공장은 돼지를 받아 뼈와 살을 발라 삼겹살, 목살 등 커다란 형태의 고깃덩어리로 박스 포장한다. 이 박스가 세절 공장으로 넘어온다. 세절 공장은 최종적으로 소비자들이 받는 고기 형태를 자른다. 그걸 동네 정육점부터 이마트와 같은 대형마트에 넘긴다.

> "돼지 원육은 진공포장한 채로 유통합니다. 그런데 이 포장을 해체하는 순간부터 산소가 고기 깊숙한 곳까지 들어갑니다. 고기가 산소와 만난다는 건 산패가 시작했다는 의미입니다. 진공포장을 뜯은 다음부터 이른 시일 내로 팔아야 합니다."

산패는 지방류가 산소나 빛 등을 만나 변질되는 현상이다. 들기름을 열면 가급적 빨리 먹어야 하는 것도 산패를 막기 위한 일이다. 막을 수 없는 화학 현상이다. 김재연은 '고기는 산소와 닿자마자, 배송받자마자 먹는 것이 가장 맛있다'는 주장을 한다. 그 시간을 최단으로 단축하기 위해 정육각은 돼지 원육의 진공포장이 뜯기는 세절 단계에서 소비자 판매까지를 맡아, 하나의 공정으로 묶었다.

"정육각은 소비자가 주문하기 전까지 고기를 세절하지 않아요. 소비자들이 주문하면 그때 원하는 양만큼 고기를 잘라서 다시 진공포장합니다. 맛 차별화를 위해 직접 세절을 택했죠."

일반적인 유통 채널에서는 고기가 세절 공장에서 마트로 넘어가도 바로 팔리지 않는다. 소매점은 먼저 들어온 제품을 선입선출(먼저 들어온 제품을 먼저 내보낸다는 뜻)한다. 대형마트에서도 고기가 판매되기까지 보통 1.5~2일은 걸린다. 매대에 올려두면 산소와 계속 만날 수밖에 없다. 산패는 계속된다.

"삼겹살같이 수요가 많은 부위는 괜찮습니다. 하지만 뒷다리살처럼 한 번에 많은 양이 들어오지만, 수요가 적은 부위는 한번 진공포장을 뜯은 다음 하루 안에 한 덩이 전체를 팔기 쉽지 않죠."

이 과정에서 정육점 등 대부분 소매점은 하루를 보내고 남은 고기를 다시 진공포장해 보관 후 판매하거나, 다음날 판다. 먹어서 문제가 되거나 상한 고기는 아니다. 다만 김재연은 "여러 학술 연구와 자체 실험 결과, 이렇게 산패된 돼지고기는 갓 진공포장을 뜯은 고기보다는 맛이 덜 하다"고 했다. 원래 있었던 돼지고기의 맛을 유통 과정에서 잃어버린다는 것이다. 정육각은 재진공 포장이 없다. 도축 시점으로부터 나흘을 넘기지 않은 제품이 소비자에게 도착하도록 세절하고 배송한다. 주문이 들어오기 전까지는 아예 고기를 썰지도 않고, 주문이 들어온대로 실시간으로 고기를 썰어 포장한다. 서울은 고기를 세절하고 최종 포장을 마친 다음 소비자가 빨리 받으면 3시간, 늦어도 9시간 안에 배송이 간다. 산패를 최소화한다.

"정육각 고기는 육즙, 수분 손실이 적습니다. 돼지 목살이나 닭가슴살 같은 부위가 '퍽퍽하지 않아서 좋다'는 피드백도 많죠. 공기 중 노출 시간이 짧아서 산패가 덜하고 육즙이 많거든요. 고기를 썰자마자 소비자에게 가기 때문에 가능한 맛이죠."

· · ·

미국 유학과 장학금을 버리고
참치집에서 고기를 썰다

카이스트 수학과에 진학한 김재연은 대전에서도 삼겹살을 자주 먹었다. 그러다 돼지고기 신선도에 눈을 뜨게 됐다.

"대전에서 제일 맛있는 정육점이 있어요. 늘 그 가게 고기를 사서 서울로 올라와 친구들과 구워 먹었습니다. 묘하게 그날그날 맛이 달랐습니다. 어느 날은 고기를 먹고 친구들과 단체로 설사를 하기도 했습니다."

알아보니 주부들 사이에도 '정육점 뽑기'라는 말이 있다는 것을 알았다. 같은 정육점에 가도 고기가 맛있는 날이 있고 맛없는 날이 있다는 것이다. 알고 보니 돼지고기 산패가 문제였다. 도축일과 진공포장 뜯은 날도 중요했다.

"문득 아이디어가 떠올랐습니다. '이 날은 100점, 다른 날은 50점' 짜리 고기보다 계속 80점짜리 고기를 판다면 인기가 좋을 것 같았습니다."

마침 시간이 비었다. 김재연은 2015년 12월 미국 명문대 응용수학 석박사 통합과정에 합격한 상태였다. 장학금도 받기로 했다. 인공지능과 연관한 응용 수학을 전공해 학자로 가는 진로를 걷는 과정이었다. 출국일은 2016년 8월이었다.

"그때부터 맛있다는 이곳저곳 고기를 사서 구워 먹어봤습니다. 재밌더군요. 마침 시간도 8개월가량 남는데 직접 고기를 팔아볼까라는 생각이 들었습니다. 비슷한 시기 졸업하는 친구 셋과 작은 정육점을 시작했습니다."

경기도 안양시 만안구 재개발 단지 안에 가게를 정리한 참치집이 있었다. 안양을 택한 이유는 집인 과천에서 제일 가까운 도축장이 있었기 때문이다. 월세가 싼 자리를 찾던 도중, 건물주가 3개월 동안 보증금 없이 저렴한 월세로 가게를 빌려줬다. 간판도 없이 온라인으로, 네이버 농축산물 직거래 카페에 글을 올려 주문을 받고 고기를 팔았다.

"'신선한 돼지, 떼다 바로 썰어 팝니다'라 글을 올렸습니다. 반응이 좋더군요. 하루 평균 매출 20~30만 원이 찍혔습니다. 입소문이 나더니 새벽 6시에 고기를 받아와 저녁 6시까지 고기만 썰어도 하루 주문 물량을 다 못 채웠습니다."

첫 6개월은 고기 실험에만 돼지 0.5t가량을 썼다. 12시간 동안 고기를 썰고, 그다음부터는 고기를 굽고 먹는 실험을 했다. 남는 시간에는 돼지 품종을 공부했고 농장을 다녔다. 이 내용을 모두 노트에 적었다. 정육점을 처음 열 때, 김재연은 '6개월 뒤에 접을 테니까'라는 이유로 앱을 만들지 않고 카페에 글을 올렸다. 하지만 막상 유학을 가려니 그만두기 아쉬웠다. '어쩌면 신선한 고기 유통을 우리가 할 수 있겠다'라는 자신감이 들었다. 시장에서 가설을 어느 정도 입증한 셈이 됐다.

"유학을 포기했습니다. 지금 이 일이 너무 재밌는데 이걸 버리고 떠나면 후회할 것 같았습니다. 충동적인 결정이었죠. 학교에서도, 장학재단에서도 '이런 분은 당신이 처음'이라고 했습니다. 부모님께 등짝을 세게 맞았습니다. 그 뒤로 앱을 만들고 정육각이 시작되었습니다."

한 가지는 분명했다. 창업을 하더라도 정육각은 직접 장갑을 끼고 고기를 썰어야만 한다는 것. 그래야만 남들과 다른 고기를 팔 수 있다는 점을 확인했다.

• • •

101번째 삼겹살을 써는 알고리즘과
원가 폭등 포장백

정교한 세절과 소매 유통 시스템을 구축하는 일은 친구 둘과 작은 정육점을 했던 때와 딴판이었다. 수천 건 매출을 소화해야 하는데 주문이 떨어지자마자 고기를 썰어서 배송한 기존 업체가 없었다. 장비와 시스템을 사다 쓰려고 해도 파는 곳이 없었던 것이다. 제조 관제 시스템, 포장 관제 시스템 등 필요한 소프트웨어를 직접 개발해야 했다. 생산 장비도 최적화했다.

"A 고객이 삼겹살 100근, B 고객이 삼겹살 1근과 목살 1근을 주문했습니다. 기존 소프트웨어에 계산을 맡기면 삼겹살 101근을 다 썬 다음, 목살 1근을 쓰는 순서가 최적화 계산식입니다. 고기 쓰는 부위와 방식을 바꿀 때마다 공정에서는 손실이 생기니까요. 그런데 맛은 또 다릅니다. B 고객이 주문한 삼겹살 1근은 잘렸지만 같은 타이밍에 목살 1근을 썰지 못해 삼겹살이 배송을 기다리고 있습니다. 삼겹살은 그사이 점점 맛이 떨어지죠."

하루 수천 건의 주문을 받는다면 계산식은 더 복잡했다. 개발자들이 알고리즘을 찾고 실험했다. 최적화한 세절과 포장, 발주 시스템을 구축했고 결과적으로 공정에 소요되는 시간이 6분의 1 수준으로 줄었다.

"돼지, 닭, 우유 발주도 자동입니다. 메신저를 보면 오전 5시 40분, 8시 얼마치 우유가 배송됐다고 알람이 옵니다. 전부 사람이 아니라 알고리즘이 넣은 주문이죠."

품질의 디테일도 챙겼다. 김재연은 기존 육류 업체들의 배송 시스템에서 문제점을 발견했다. 다들 그때까진 육류를 배송할 때 드라이아이스를 넣어 포장했다. 한여름에도 견딜 수 있도록 한 것이다. 당연한 판단이긴 한데, 문제는 드라이아이스가 영하 60도라는 점이다. 순간적으로 포장 박스 안이 냉동실이 되어 고기가 얼면서 세포 손상을 입는다.

"정육각 포장백은 엄청난 비효율 포장백입니다. 고기와 얼음이 직접적인 접촉이 없어야 하는 데다, 너무 낮지도 높지도 않은 온도를 유지하죠. 폭염 기준으로 7도를 유지하는 설계입니다. 포장에 손이 두 번 가는 팩이라 비용도 많이 들죠.

비효율과 비용을 감수해도 지켜야 할 품질이 있으니까요. 단, 소비자가 감당 가능한 가격 안에서 최대한의 맛을 만들겠다는 것이 목표입니다. 그래서 무수히 많은 시행착오를 겪고 있습니다."

돈을 조금 더 내더라도 맛있는 걸 먹고 싶다는 소비자들이 늘고 있기 때문이다. 김재연은 '소비의 패러다임'이 바뀌고 있다고 한다.

"어렸을 때 〈체험 삶의 현장〉이라는 TV 프로그램이 있었습니다. 열심히 일하고 그 돈을 유니콘 타고 올라가 기부하는 프로죠. 그만큼 노동이 중요했지만, 요새는 먹방이 떠요. 소비 행위와 의미가 중요한 시대입니다."

팬데믹은 소비 패턴도 바꿨다. 정육각 장년층 소비자가 부쩍 늘었다. 장년 주부들은 직접 마트에 가서 생선을 찔러보고, 고기도 색을 직접 보면서 골라야 하는 세대다. 하지만 코로나 이후 온라인 쇼핑을 경험하게 되었고, 신선식품 온라인 쇼핑에 대한 심리적 장벽도 낮아졌다.

"정육각은 뾰족한 페인 포인트를 해결한 회사는 아닙니다. 없던 새벽 배송을 새로 만든 것도 아니고, 사람들이 고기를 못 먹고 있었던 것도 아니죠. 그보다는 새로운 마켓 밸류를 창출했습니다. 소비자들이 '내가 원하는 퀄리티'의 돼지고기를 찾기 어려웠는데, 정육각이 기존 고기에 부가가치를 더해 판 것이죠."

● ● ●

이름은 정육각인데 전복도 파는 이유

돼지고기로 시작했던 정육각은 현재 소고기를 비롯해 전복, 바지락, 오징어 같은 수산물도 팔고 있다.

"처음 창업 목표도 '축산 시장 혁신' 같은 거창한 목표가 아니었습니다. 원했던 것은 '소비자들이 신선한 제품을 받아 삶의 질을 높였으면 좋겠다' 같은 모호한 것이었죠. 소도 팔았으면 좋겠다, 수산물도 팔았으면 좋겠다는 고객 요청이 종종 들어왔습니다. 시장에서 좋은 수산물을 고르는 것이 고기를 구하는 것보다 어렵다는 이유였습니다. 정육각이 해결해 달라고요."

2021년 봄에 수산물을 출시했는데, 그 준비에만 1년이 걸렸다. 산지

양식장 조사를 하고 관련 논문을 수집했다. 수산물의 재고 관리, 예측 발주 시스템 구조가 축산물과 비슷했다. 그리고 정육각 2천 평 공장에는 이미 거대한 수조도 있었다. 이 수조를 활용하기로 했다. 수산물은 인기 상품이 되었다. 정육각은 돼지고기로 시작했지만 소고기도 판다. 거대한 수조는 소를 숙성하기 위해 들여온 것이다.

"숙성의 핵심은 온도를 균일하게 유지하는 것입니다. 그런데 숙성용 냉장고는 냉각 팬이 돌고, 냉기를 직접 받는 부분 온도가 다른 곳보다 더 낮습니다. 팬에 고드름이 달리는 것을 방지하기 위해 열선도 있는데, 주기적으로 열선이 열을 내면서 순간적으로 온도가 오르기도 하죠. 같은 냉장고 안에 있는 고기도 위치와 시간에 따라 온도가 달라지고, 맛도 차이가 납니다. 가장 완성도가 높은 외제 숙성 냉장고도 마찬가지입니다."

2년이 넘는 소고기 숙성 실험 끝에 정육각팀이 찾은 답은 수조였다. 물은 비열이 높아 온도가 거의 그대로 유지됐다. 자주 열었다 닫으면 온도가 바뀌니 문을 최소한으로 열어서 물건을 꺼낸다.

까다로운 공정에 매달려야 하는 데다 다루는 재료도 상하기 쉬운데, 이 스타트업은 적자 탈출과 손익분기점 돌파를 할 수 있을까. 김재연은 "자신있다"고 말한다. 매출 2,000억 원을 넘으면 손익분기점 돌파가 가능하다고 한다.

"정육각과 비슷한 2,000평 규모의 공장을 보유한 축산 업체들은 연매출 300억~500억 원을 기록합니다. 하지만 정육각은 같은 크기의 공장에서 매출 5,000억 원까지 가능합니다."

어떻게 가능할까. 정답은 시스템 혁신 덕분이다. 일반적인 업체는 하루 1만 근 삼겹살을 판다면, 2만 5,000근을 야적할 공간이 필요하다. 하지만 정육각은 그런 공간이 필요없다. 수요를 예측해 발주하고, 주문이 들어오면 수시간 내 가공해 배송차가 출발한다. 효율화 시스템으로 공간과 폐기 비용 리스크를 줄인 것이다. 하루 재고로 쌓아둔 삼겹살은 400~500근에 불과하다. 모든 것은 신선배송에 최적화한 공정, 배송, 발주 시스템을 개발자들과 따로 설계했기에 가능했다.

정육각팀과 김재연은 또 다른 도전을 준비하고 있다. 농민직거래솔루션이다. 정육각 공장에서 쓰는 소프트웨어를 농산물 산지에 설치하면 주문관리·주문처리·배송처리·고객관리 등 산지 직송 판매에 필요한 대부분의 기능과 역할을 정육각이 맡아주는 것이다.

"농산물을 생산하는 농민과 주문하는 소비자를 온라인으로 연결하는 솔루션입니다. 온라인 판매는 요새 네이버 스마트스토어처럼 잘 짜여진 외부 플랫폼을 사용한다 하더라도, 실상은 농민들이 플랫폼을 공부해 제대로 쓰기 어렵습니다. 상거래에 필요한 체계적인 주문관리와 처리, 재고, 배송관리 등 복잡한 시스템 영역을 모두 알아야 하기 때문이죠. 하지만 농사일도 바쁘고, 특히 IT와 친숙하지 않은 고령 농민들에게는 어려운 일이죠. 그래서 모든 영역을 정육각이 대신하자는 발상입니다. 농민들이 해야 할 일은 하나. 배송 송장 뽑아서 물건에 붙이는 일이요. 개발은 기존의 축산물 주문 및 출고 시스템을 카피해 만들었습니다."

현재 프로그램은 과일 농가 2곳에서 테스트 중이다. 김재연은 "이 솔루션을 농산물과 지역을 가리지 않고 널리 보급하는 것이 목표"라며 "유통 과정의 대리 비용을 최소화해 농민과 소비자의 이익을 극대화하겠다"고 했다.

영역 가리지 않고 신선식품에 도전하는 이유는 김재연과 정육각의 모토 '행복한 내식內食' 때문이다. 외식이 아닌, 맛있는 음식을 집 안에서 해 먹는 사회를 지향하는 것이다.

"대부분 밖에서 사 먹는 고기가 더 맛있다고 생각합니다. 하지만 안에서 좋은 고기를 사서 먹어보면, 밖에서 먹는 것보다 더 높은 퀄리티의 식생활이 가능하다는 것을 알게 됩니다. 좋은 식재료만 있다면요. 정육각은 좋은 식재료를 집으로 보내줄 겁니다. 내식의 즐거움을 알려드리고 싶어요."

뉴닉:
고슴이가 좁은 오솔길을 가는 이유

너의 갈 길을 가라, 남이야 뭐라든.
칼 마르크스[22]

종이신문의 400년 저널리즘 시대는 끝자락의 어느메쯤이다. 시민 혁명의 시대를 때로는 정치 선동의 이름으로, 때로는 계몽의 명분으로 앞장섰던 종이신문의 시대는 지나가고 있다. 특정 짓자면 저널리즘의 물질적 토대를 떠받치던 종이신문의 체력이 한계치라는 것이다.

어떤 혁신은 변방에서부터 온다. 양극단의 갈등이 부딪치고 아픈 소리를 질러야만 해결의 실마리를 찾을 수 있는 경우에 그렇다. 영국이 아닌 러시아에서 제국주의와 자본주의의 한계가 부러졌던 것처럼.

뉴닉은 저널리즘의 혁신 스타트업이다. 종이신문의 한계는 '이것들은 자줏빛 망토나 검은 법복으로도 가릴 수 없는 시대의 징후인 것이다'(칼 마르크스)와 같이 명확하다. 그렇지만 저널리즘의 물질적 토대를 어떻게 재탄생시켜야 할지에 대한 해법은 없다. 뉴닉은 그 도전이다. 변방이기에 보다 본질적인 저널리즘의 물적 토대 변화를 모색한다.

뉴닉의 도전은 저널리즘의 혁신이라는 측면에서는 종이신문사의 혁신 대명사로 불리는 뉴욕타임스보다 본질적인 접근 방식이다. 뉴욕타임스 같은, 종이신문사의 인터넷 구독자 확대는 혁신이라기보다, 생존을 위한 적응에 가깝다.

뉴닉의 질문은 글쓰는 방식의 전환을 요구하며 때때로 저널리즘이라는 게 진정 무엇이냐는 본성에 대한 의구심을 찔러댄다. 신문사를 위한 시도가 아닌, 오히려 뉴스 소비자의 페인 포인트를 묻고 있는 것이다. 종이신문이 뉴스 소비자에게 충실히 텍스트 콘텐츠를 제공하는지, 아니면 시대에 뒤처진 낡은 방식에만 얽매이는 통에 뉴스 소비자는 제대로 뉴스 소비를 못하는 답답한 상황인 건 아닌지를 묻는다. 저널리즘 스타트업만이 할 수 있는 질문이다.

그렇다고 뉴닉이 정답을 찾은 것은 아니다. 뉴닉은 주변에서 벌써 '성공한 스타트업'의 대접을 받지만, 사실 비즈니스(물적 토대의 구축)를 보자면 실패에 가까울지 모른다. 뉴스레터의 구독자가 30만 명을 넘어섰지만 물적 토대는 아직도 제로에 가깝다. 400년 전에 종이신문 30만 명의 구독은 한 사회의 전복과 혁명을 의미했는데 말이다.

뉴닉
김소연

· · ·

1994년생. 서울대 경제학부를 졸업하고 워싱턴 D.C. 로버트 케네디 인권센터에서 인턴을 했다. '뉴닉'이라는 창업 아이템은 2017년 당시 본인의 페인 포인트에서 발견했다. 인권센터이다 보니 주로 인권 변호사인 동료들은 틈만 나면 시사 이슈를 주제로 이야기했고 김소연은 끼어들기 어려웠다. 무가지인 메트로를 외워도 봤지만 쉽지 않았다. 그의 상사가 한 조언은 뉴스레터 더스킴이었다. 한국에 돌아와, 한국판 더스킴을 시작한 게 현재의 뉴닉으로 진화했다. 동료들과 웃긴 짤을 보거나 웃긴 영상을 흉내 내면서 의미 없이 낄낄댈 때 행복하다는 창업가. 그는 2020년 공동창업가 빈다은 씨와 함께 포브스 아시아 30세 이하 리더 30인에 뽑혔다.

• • •

아무도 뉴스에 돈을 안 내는 세상에서
하필 뉴스 아이템으로 창업한 스타트업

많은 젊은 창업 도전자의 눈에 뉴스와 저널리즘은 페인 포인트가 가득한, 멋있는 아이템으로 보인다. 그래서인지 지금껏 숱한 스타트업이 도전했다. 하지만 2~3년이 지나면 한두 곳씩 피벗한다. 그 막막함을 피해갈 수 없기 때문이다.

누구도 돈을 주고 뉴스를 읽지 않는 한국 시장에서 서울대 경제학부 출신인 김소연 창업가는 하필 텍스트 비즈니스를 선택했을까. 그녀에게 "뉴닉을 왜 하나요"라고 물었더니, "왜 시작했나인가요, 아니면 왜 아직도 뉴닉을 하느냐는 건가요"라고 되물었다.

"시작한 계기랑 지금 계속하는 이유는 달라진 것 같아요. 공동 창업가(빈다은 이사)와 저는 대학교 때 한 동아리에서 거의 창업과 똑같은 프로젝트를 했어요. 명의만 대표자가 아니었고요. 시각장애인들의 창업을 돕는 일이었는데요. 지금도 강남, 선릉, 합정 등에 그때 만든 시각장애인 안마센터 프랜차이즈가 존재해요. 스타트업이 이렇게 만들어지는구나, 라는 경험이 있는 상태였는데, 뉴스를 창업 아이템으로 만난 거죠. 20대 뉴스 소비자들이 아침마다 뉴스를 보는데 뭔가 불편한 점이 있다고 봤고, 스타트업 방법론으로서 해결할 수 있지 않을까, 겁 없이 생각했던 게 창업 계기였어요. 다양한 해외의 뉴스레터 사례를 접했고, 이런 것이 젊은 세대 일상 속에 녹아드는 뉴스 전달 방식일 수 있겠다고 생각했죠."

김소연 창업가는 "지금도 뉴닉을 계속하는 건, 또 다른 책임감인 것 같다"고 했다.

"뉴닉 구독자가 30만 명 정도인데, 대부분 20대와 30대, 특히 20대 가 훨씬 많아요. 뉴스에서 멀어졌고, 디지털로 소비하죠. 뉴스를 파편적으로 보는 그룹이에요. 그런 그룹이 뉴닉을 통해 세상과 연결되고 있다는 게 저희로선 또 다른 책임감으로 남는 거죠."

김소연 창업가는 대학 때 안마 프로젝트를 했다. 안마라는 상품을 파는 것. 일종의 소셜 임팩트였다. 일부 부도덕한 일반인이 하는 퇴폐 안마와 같은 불법 서비스에 대응한 것이다. 규제만으로는 퇴폐 안마를 잡을 수 없다면, 마냥 탓할 것이 아니라 합법인 시각장애인 안마를 보다 경쟁력 있게 만들자는 시도다. 당시 경험은 뉴닉 창업에 녹아있다. 하지만 저널리즘 창업은 일반적인 스타트업과는 달랐다.

"시각장애인 안마센터 프로젝트는 팔려는 상품(안마)과 그 상품을 필요로 하는 타깃 소비자가 명확하고, 타깃 가격대도 명확해요. 반면 뉴스라는 콘텐츠는 도대체 누가, 얼마를 주고 살 것인지, 각각의 사람들은 어떤 동기로 소비하는지 천차만별인 것 같아요. 명확한 기준이 없어요. 구독자들에게 직접 돈을 받아, 먹고사는게 큰 소망인데, 사람들은 뉴스를 비타민처럼 느껴요. 알면 좋지만, 모른다고 큰일이 나지 않으니 돈을 내려고 하지 않아요. 현재의 주 수입원은 광고인데요. 브랜디드 콘텐츠라고 부르는데, 우리가 쓰고 있던 톤앤매너, 스토리텔링을 그대로 이용해 특정 브랜드의 이야기를 쉽게 풀어주는, 그런 류의 기사를 작성해 커미션을 받는 거예요. 말하자면 브랜드와 협업 콘텐츠로 돈을 벌고 있어요."

당신이 올드 미디어를 소유한 오너라면, 팔아라. 신문을 소유하고 있는가, 팔아라. TV방송국을 소유하고 있는가, 팔아라. 영화제작사를 소유하고 있는가, 팔아라. ─마크 안데르센 넷스케이프 창업가[23]

기존 올드 미디어는 뉴스를 콘텐츠로 접근하지 않는다. 준엄한 저널리즘이라는 경계선이 강하기 때문이다. 새로운 소식을 알고 싶어 하는 근원적인 소비 욕구에 저항하는 비즈니스 모델이라고 해야 할 법하다. 역사적으로 신문은 소비자가 알고 싶어 하는 소식보다는 소비자가 알아야 할 소식에 더 관심이 많았다. 굳이 나치의 선전장관 괴벨스까지 거론하지 않더라도 말이다.

15세기 중반 구텐베르크의 활판 인쇄술 발명과 대량 인쇄 시설의 보급은 종이신문 시대를 열었다. 아비소Aviso(독일 1609년), 티딩 에이트 페르세이데네 콰티에렌Tydingheuyt Verscheydene Quartieren(네덜란드 1618년), 위클리 뉴스Weekly News(영국 1622년), 라이프치거 차이퉁Leipziger Zeitung(독일 1660년), 데일리 쿠란트The Daily Courant(영국 1702년), 주르날 드 파리Journal de Paris(프랑스 1771년), 그리고 아시아에서 요미우리讀賣 신문(일본 1874년), 아사히朝日 신문(일본 1879년), 독립신문(한국 1896년), 조선일보(한국 1920년) 등이 창간되어 전 세계에 퍼졌다.

종이신문은 독자에게 무엇을 원하는지 물어볼 통로가 없었기에 매체를 만드는 사람들이 중요하다고 판단Gate Keeping하고 취재한다. 워싱턴포스트WashingtonPost의 닉슨 워터게이트 보도도 같은 과정이다. 민주주의의 파수꾼, 제4의 권력과 같은 수식어는 요즘 스타트업식으로 말하자면, '소셜임팩트 기업'을 지향한다는 뜻이며, 본연적으로 소비자의 콘텐츠 소비 욕구 해소만을 목적으로 하지 않는다는 뜻이기도 하다.

김소연은 다른 이야기를 한다.

"요즘 세대들은 뉴스도 그냥 콘텐츠예요. 빈 시간에 무얼 볼까라는 생각으로 뉴스를 보니까요. 그래서 뉴스를 콘텐츠로 규정하고, 가치를 매기고 팔거나 수익 모델을 만드는 것 자체가 새로운 일로 다가왔어요. 해외에서도 소위 뉴미디어라는 수익 모델 실험이 진행됐고, 우리도 그걸 보고 출발한 거죠. 해외에서도 정확한 답을 찾았다고 볼 수 없죠. 영국 가디언 같은 경우도 후원 모델을 하지만 여전히 테스트 단계이고, 정해진 답이 있는 게 아니라 찾아가는 분야라고 생각해요. 힘이야 들죠. 뉴스 비즈니스가 이렇게 어려워서 아무도 안 뛰어든 분야니까요."

• • •

넷플릭스나 유튜브처럼 뉴스도 콘텐츠다

뉴스를 콘텐츠로 본다고 모든 문제가 해결되지는 않는다. 성공 사례도 명확하지 않다. 김소연 창업가도 "돈을 제일 많이 버는 건 M&A"라고 했다. 콘텐츠로 접근한 해외 기업들도 영업이익이 아니라 매각으로 돈을 번 사례가 몇몇 존재할 뿐이기 때문이다.

"해외의 테크 분야에서는 200만~300만 명의 구독자를 확보한, 뾰족한 모델을 만들고, 이종 업계에 인수된 사례들이 최근에야 하나둘씩 생기고 있어요. 그들도 본래 콘텐츠 사업으로 돈을 버느냐 하면 그건 다른 얘기예요. 하지만 M&A도 스타트업의 출구일 수 있죠. 뉴닉의 실험이 딱히 건실한 언론사를 만들겠다는 건 아닐 수도 있지 않나요. 뉴닉이 언론사냐는 질문을 많이 받는데, 처음부터 아니라고 말했어요. 뉴닉이 취재해서 얻은 것을 알리는 데 소명을 갖고 있느냐고 묻는다면, 아니거든요. 다들 어떤 사건을 이해하기 어렵다 하는데, 이런 사람에게 페인 포인트를 해결해주는 서비스죠."

뉴닉의 뉴스레터는 아주 시사적인 문제를 다루지만, 이해하기 정말 쉽다. 그것만으로도 페인 포인트 해소가 가능하다는 것이다. 창업 초반에는 시사 뉴스를 이렇게 수십만 명이 관심 있게 볼 것이라고는 생각도 하지 않았다.

"말하자면 지식 장벽을 낮춰주는 콘텐츠죠. 지금은 시사 뉴스를 주로 하지만, 이런 장벽은 경제에서도, 주식에서도, 마찬가지이기 때문에 그렇게 확장할 생각이에요. 시사에 한정하진 않을 것 같아요. 처음 창업했을 때는 소위 말하는 학력 수준이 높고, (똑똑한) 사회 초년생이 신문 빠릿하게 봐서, 선배들한테 한마디라도 말하려는 니즈가 있지 않을까 봤어요. 막상 창업해 보니 10대나 주부도 좋아하고 심지어 팀장들도 좋아해요. 쉽고 재밌다고요. 다양한 사람이 다양한 이유로 뉴스를 필요로 한다는 것을 깨달았죠."

• • •

텍스트 소비 욕구가 바뀐 이용자의 페인 포인트

김소연 창업가는 "어떤 큰 사건이 터지면 속보가 계속 이어져 나오고, 기사의 양은 걷잡을 수 없이 늘어나고 맥락의 범위도 너무 넓어지는 반면, 젊은 층은 신문지를 쫙 펴서 매일 찬찬히 시간을 충분히 내서 따라오지 않는다"고 했다. 이용자의 텍스트 소비 형태는 바뀌는데 공급자는 그대로라는 것이다. 여기에 텍스트를 추천하는 것도 과거에는 부모와 같은 기성세대였지만 지금은 주변 지인과 친구로 변했다.

"젊은 소비자는 시간을 쪼개서 요만큼씩만 콘텐츠에 소비하는데, 속보를 따라가기에는 너무 어렵다는 겁니다. 관심사도 세대별로 달라요. 예컨대 신문은 보편적인 독자를 상정하잖아요. 디지털과 개인화에 익숙해진 세대들은 신문 1면 보고 '나는 관심 없는데, 왜 자꾸 방위비 얘기만 하지.' 이렇게 되는 것 같아요. 점점 더 안 보게 되는 것 같아요. 요즘 세대는 젠더나 환경 이슈, 경제 이슈에 훨씬 관심 있는데, 자꾸 국내 정치와 정쟁만 신문에 나오니, 관심사에서 멀어지는 거죠."

그럼 뉴닉에게 뉴스는 미디어일까, 아니면 그 자체로 콘텐츠일까.

"너무 철학적인 질문 아닌가요. 옛날에는 많은 사람이 7시면 TV 앞에서 뉴스 봐야지, 했었죠. 지금은 TV 앞에 앉던 시대와 달라졌어요. 뉴스 소비를 하는 환경도 달라졌고요. 뉴스를 보라고 하는 사람도 옛날엔 아빠가 보라고 했지만, 지금은 친구들이 갖다 주기 시작했죠. 뉴스를 만나는 맥락이 완전히 달라졌어요. 주변에 TV 없는 사람이 너무 많아요. TV뉴스나 신문을 시간 들여 찬찬히 읽었을 때 느낄 무게감과, 디지털 기사로 하나 보는 게 전달되는 맥락도 다르고요.

저는 창업가예요. 미디어냐, 콘텐츠냐. 내 철학이 중요하진 않고, 타깃 독자들이 어떻게 생각하는지에 맞춰서 생각하려고 해요. 창업가니까요. 그래서 콘텐츠라고 생각하는 편이에요. 근데 미디어와 콘텐츠, 그 차이가 무엇일까요?"

텍스트는 비용이 많이 드는 상품이다. 한 번 제작한 상품을 계속 기성품처럼 찍어낼 수 없다. 일회성 소비라는 특징을 갖는다. 제조 인프라 투자로 규모의 경제를 통해 비용 감소를 불러일으키는 데 한계가 있다. 제조자의 능력치도 텍스트 상품에 따라 매일 바뀐다. 브렉시트를 잘 설명하는 글을 썼다고 해서 부동산에서도 같은 품질의 글을 쓴다는 보장은 없다. 브랜드의 신뢰 구축도 쉽지 않은 데다, 단발의 사건으로 신뢰를 잃을지도 모르는 위험이 있다. 텍스트 공급자가 소비자의 신뢰를 얻는 데에는 오랜 기간 텍스트 품질 유지가 필요하다. 제품 하나 구매해 사용해보고 만족도가 확 올라가지 않는다.

"뉴닉의 주제 선정 기준은 예컨대 '젊은 세대들에게도 많이 노출이 된 이슈인가?'라는 식이에요. 노출이 되지도 않고 들어보지도 않았으면 젊은 세대들은 답답해 하지도 않을 테니까요. 밖에 어디서든 마주친 이슈인데, 이거 뭐지, 해서 직접 검색해 기사를 읽어봤는데 대체 무슨 소린지 이해가 되지 않는다는 답답함이요.
이런 걸 쉽게 푸는 게 뉴닉의 역할입니다. 따라서 너무 쉬운 이슈도 피해요. 충분히 복잡하고 어려운 이슈를 골라요. '구독자들이 많이 들어봤을까'와 같은 척도로 주제를 정하지만, 그것만으론 부족한 거죠. 예전에 판빙빙 뉴스를 레터로 보냈는데 구독자들이 싫어했어요. '그건 나도 기사 한 번 봐서 다 아는데 뉴닉이 뭐하러 하냐'는 거죠.
어려운 걸 하면 좋아해요. 예를 들면 브렉시트요. 대신 뉴닉의 에디터들은 죽어나가죠. 에디터가 5명, 총괄 1명. 6명이 레터를 만들어요. 직원은 대표 포함 10명이에요. 직원 수요? 부족하죠. 어제도 11시 반까지 다들 야근하느라, 지금 다들 사무실에 못 나오고 있는 거예요. 힘들죠.
그래도 팩트 체크는 제대로 해요. 보도 자료도 보고, 존슨 총리가 뭐라고 했는지 외신에서 찾아보고. 여기에 상호 팩트 체크 제도가 있어요. 글 쓴 에디터에게 다른 에디터가 한 줄씩 따져 묻는 거예요. 어떤 식으로든 설명이 되지 않으면 안 된다는 거죠.

이 문장을 어떤 근거로 썼는가를 각주로 달면, 다른 에디터가 '각주로 단 것이 몇 년 지난 기사인데요'라고 따져 묻는 식이죠. 쉽게 말하면 독자가 읽을 때 들 만한 의문을 다 쏟아 넣고. 충분히 해결이 되어야만 레터로 나가는 거예요."

· · ·

우리가 시간이 없지, 세상이 안 궁금하냐는 뉴닉

뉴닉에 대한 김소연 창업가의 정의는 '주변에 한 명쯤 있는 박식한 친구'였다.

"주변에 신문 열심히 읽는 친구가 한 명씩은 있잖아요. 그 친구가 정직하게 말해주는 것처럼 균형을 잡아요. 내가 봐도, 저 친구는 똑똑하고 박식한데, 그런 친구가 '내가 알아봤는데 말이야' 하고 뉴스를 풀어줘요. 똑똑하고 박식한 데다 설명까지 친절한 친구, 그게 뉴닉이에요. 캐치프레이즈인 '우리가 시간이 없지, 세상이 안 궁금하냐'는 '우리가 돈이 없지 가오가 없냐' 영화 명대사에서 착안했고요. 이 문장을 보고 '맞아, 맞아' 하면서 공감하는 게 뉴닉을 읽을 때 기분과 유사한 것 같아요. 말투가 주는 어감도 그렇고요. 그래서인지 다들 잘 기억해 주세요."

아무도 가보지 않은 길을 가는 창업가는 힘들 때 누구의 말을 듣고 싶을까. 김 창업가는 "이 상황을 제프 베조스가 봤으면 뭐라 그랬겠나, 하고 생각한다"고 했다.

"책을 진짜 많이 보거든요. 그러다 보니 해외 창업가들이 멘토예요. 책으로 만난, 예컨대 넷플릭스 창업가인 리드 헤이스팅스 Wilmot Reed Hastings Jr.나 아마존의 제프 베조스나 테슬라의 일론 머스크 등등요. 워낙 경력이 길지 않다 보니, 자꾸 시야가 근시안적으로 좁아지는 걸 느끼는데, 그럴 때 오히려 멀고 원대한 이야기들을 찾아보거든요. 닮고 싶은 해외 창업가들이요.

동료들끼리는 진짜 '제프 베조스가 봤으면 뭐라 그랬겠어'라고 말해요. 아 맞다, 하게 되죠. 서로에게 '내가 지금 짤리고 리드 헤이스팅스가 뉴닉에 오면 뭐부터 할까'라는 질문을 해요. 그런 식으로 생각하면, 책에서 읽은 그들의 생각이 시뮬레이션이 돼요. '암, 리드 헤이스팅스라면 당장 이것을 접었지'라고요.

그래서 항상 우리 마음속에 있는 해외 창업가들과 내적 친밀감이 높아요. 언니라고 불러요. '다니엘 언니 임신했다더라', '순산하고 금방 복귀하셨어. 역시 대단해' 이런 식이에요."

다니엘은 김 창업가의 워싱턴 D.C. 인턴생활 시절, 그의 페인 포인트를 없애준 더스킴theSkimm의 창업가다.

15

창업가의 에필로그:
창업 멤버를 내보낸 창업가를 위한 변

사진 두 장이 있다. 쑥스러움이 덕지덕지한 젊은이들이 동네 사진관에
쓱 들어가 찰칵 찍었을 법한 사진. 또 한 장은 중년의 8명이 찍은 기념
사진인데, 왜 이렇게도 하나같이 착한 인상인지, 그리고 세월의 흔적도
조금 묻어있다. 한 명씩 뜯어보면서 나도 저런 활짝 표정을 짓고 싶다고
부러워진다.

시리즈 B의 관문을 넘어선, 그러니까 성공의 8할쯤 온 스타트업 창업
가를 만나면 이 사진 이야기를 한다. 성공하면 돈을 얼마만큼 벌 수 있
는지, 자극하기 위해서는 아니다.

사실 성공의 문턱에 선 창업가는 한때 창업 동지였던 멤버와 불화

김정호, 이해진, 최재영, 강석호(뒷줄 왼쪽부터), 권혁일, 김보경, 김희숙, 오승환(앞줄 왼쪽부터).

권혁일, 김정호, 최재영, 오승환, 김희숙(뒷줄 왼쪽부터), 김보경, 이해진, 강석호(앞줄 왼쪽부터).

탓에 상처를 입는 경우가 허다하다. 흔한 일이다. 공동 창업가나 사번 1~10번의 초기 멤버들이 갈등을 빚는 건 어쩌면 당연하다. 본질적으로 조직이 커지면 창업 멤버보다 해당 업무에 더 적합한 직원이 입사한다. 피벗하는 경우엔 아예 초기 멤버의 역할이 사라지기도 한다. 같이 고생해 조직을 보듬어왔는데, 어느 날 등을 져야 하는 것이다.

한 스타트업 창업가는 "결국 초창기에 가장 열심이었던 창업 멤버가 회사를 떠났다. 사실상 내가 해고한 것이나 마찬가지였다"고 괴로워했다. 실력 차이를 납득하고 본인의 자리를 넘겨주고, 다른 업무를 맡는 창업 멤버는 열의 하나도 안 된다. 이해된다. 딜레마를 어떻게 건너야 할까. 두 장의 사진을 창업가에게 보여주는 이유다.

네이버 창업 8인방의 기념 사진과
'어둠 속의 대화'에서의 만남

네이버 창업 멤버 8인방도 다르지 않았을 것이다. 하지만 긴 시간을 건넜고 치열한 챌린지 속에 행여 있었을 과거의 상처는 아물었다. 중년에 찍은 네이버 20주년 기념사진의 환한 웃음이 그 증거다.

두 장의 사진은 네이버 창업 8인방이다. 한 장은 창업 초창기, 그리고 또 한 장은 네이버 창업 20주년(2019년 6월) 기념 사진. 창업 8인방은 본래 20년 전과 똑같은 연출 사진을 찍으려고 했다고 한다. 당시와 같은 옷을 입긴 했지만 위치는 바뀌었다.

네이버는 1999년 6월 2일 '네이버컴'이란 사명으로 법인 등록했다. 삼성SDS의 사내 벤처 네이버 포트가 따로 나와, 스타트업으로 출발한 것이다. 창업 멤버들은 네이버라는 스타트업의 성공 신화에 제 몫의 땀과 시간을 남기고, 이젠 네이버와 다른 길을 가고 있다.

커피빈에서 커피를 시키려고 계산대 앞에 서면 베어베터라는 쿠키가 있다. 그 회사 대표는 김정호 씨다. 베어베터는 명함도 만들고, 편의점도 한다. 이 회사는 발달장애인을 채용한다. 단, 채용을 위한 채용을 하진 않는다. 발달장애인이 할 수 있는 일을 발굴해 발달장애인들이 사회의 일원으로서 제 몫의 일을 하게 돕는 회사. 발달장애인들이 만든 쿠키니까 맛이 없어도 사줘야 한다, 이런 발상은 아니다. 커피빈의 베어베터 쿠키는 정말 맛있다. 착한 기업도 경쟁력이 있어야 한다는 게 김정호 대표의 지론이다. 물론 돈을 벌기 위한 기업도 아니다.

오승환 씨는 가회동에 100여 평의 부지를 사서, '어둠 속의 대화'라는 건물을 올렸다. 이 건물은 일반인이 완전히 깜깜한 공간을 체험하는 곳. 시각장애인이 일하는데, 이 공간에서는 시각장애인이 어둠 속에서 헤매는 일반인을 도와준다. 여기에는 레스토랑도 있는데 소년원 출신들을 채용하여 자립을 돕는다. 먹을 것이 풍성한 곳에서는 순해지고 엄마 품을 느낀다는 게 오승환 대표의 지론이라고.

창업 멤버 중 유일한 여성인 김보경 씨는 아동 도서 출판사인 '개암나무'를 운영한다. 돈 되는 책보다는, 해외의 좋은 책인데 돈이 안 되어 국내 번역서가 안 나오는 걸 골라서 낸다. 네이버 검색창에 김보경을 찾아보면, "오랫동안 IT 분야에서 일하며, 인터넷 포털 네이버의 지식인과 주니어 네이버를 만들었습니다. 지금은 어린이와 청소년들이 공감하고 감동할 수 있는 좋은 책을 만들고 있습니다. 옮긴 책으로는《내 동생은 렌탈 로봇》,《뚱보의 겁쟁이 탈출기》,《똥 친구》,《우리들의 시간은 흐른다》등이 있습니다."라고 나온다.

서울대 컴공과 졸업생인 최재영 씨는 네이버의 성공 이후에 회사를 퇴사했고, 다시 공부해 수능을 봤다. 경희대 한의대에 입학했다. 그의 본래 꿈은 창업가가 아닌 한의사였던 것이다. 홍대에서 한의원을 개업했는데 그 빌딩이 갑자기 팔렸고, 새로운 건물주가 나가달라고 해서 눈물을 머금고 나왔다는 에피소드도 있다.

권혁일 씨는 경기도에 바이오연료와 관련한 공장을 짓고, 환경오염을 막는 비즈니스를 준비하고 있다. 폐식용유를 수거해서 친환경 에너지를 만드는 비즈니스다.

시골에 내려가서 10년 넘게 나무를 심고 표고버섯을 키우며 배추 농사도 짓는 김희숙 씨는 한옥에 살면서 때때로 지인들에게 재배한 농산물을 보낸다. 동네 어르신들하고 아주 잘 지내고, 동네 어르신들을 해외 효도 여행 보내드렸다는 소문도 들린다.

현직인 강석호 씨는 네이버와 한평생을 지내고 있다. 1972년생인 그는 1997년에 삼성SDS의 신입사원으로 사내벤처 '네이버 포트'에 조인했고, 2년 뒤 네이버 창업 때는 사원 번호 1을 받았다. 지금도 네이버와

라인의 개발 업무 협업을 띈다.

　마지막으로 이해진 전 의장은 국내법상 네이버의 총수(동일인)이고, 최근엔 일본 라인과 야후 간 합작법인 회장에도 취임했다. 여전히 현업의 최전선인 셈이다. 8인방의 창업 멤버 가운데 현역은 이해진, 강석호 2명이고, 나머지 6명은 본인의 삶의 꿈을 찾는 여정이다.

혁신의 꿈을 함께 꾸는 창업 멤버

스타트업 창업가들은 호기심 가득한 눈으로 유심히 사진을 본다. 혁신의 창업가들에게 어쭙잖지만 조언한다.

　"스타트업이란 생명체는 자신의 성장통이 너무 커서, 스스로 살기 위해 창업 팀 초기 멤버들에게 자신의 거름이 되라고 요구할 거예요. 그게 절친이던 동료의 입을 통해 '이제 팀장 자리에서 내려가 달라'라는 언어의 형태가 될 수도 있고요. 창업 멤버 다들 승진하는데 한 명만 제외해야 하기도 하고요. 창업 멤버가 조직 문화를 해치는 바람에 최악의 이별을 해야 할 때도 있죠. 창업가는 오직 스타트업의 성공을 위한 판단을 내릴 뿐이고, 그럼 창업 멤버와의 거리는 더 멀어질 거예요. 인정하기 싫겠지만 현재 창업 멤버가 모두 10주년, 20주년 때 같은 회사에 있을 가능성은 없을 겁니다. 다들 본인의 삶을 살죠.

하지만 창업 20주년 때 활짝 웃는 기념사진 한 장을 못 남긴다면, 기업 밸류를 아무리 높게 받았다 한들 성공한 창업일까요. 싸울 땐 치열하게 서로 싸우더라도, 지금 옆의 창업 멤버야말로 50대 때 평생 친구로 재회할 동료란 걸 잊지 마세요."

　20주년 사진을 찍는 날, 네이버 창업 8인방은 20년 전 기사를 같이 봤다고 했다. 1999년 12월 7일자 조선일보 '네이버컴 인터넷 검색엔진으로 100억 투자받아'라는 기사다. 젊은 이해진 사장은 인터뷰에서 "기술 개발을 하다가 밤을 새우는 경우가 많아 직원들이 야전침대와 침낭을 사 왔다. 직원들이 출퇴근 시간을 알아서 조정하면서 신나게 일하고 있다"고 했다. 지금 수백 곳의 스타트업은 당시 네이버처럼 창업 멤버들끼리 밤을 새우면서 '혁신의 꿈'을 공유하고 있을 것이다. 잠 못 드는 오늘은 20년 뒤에 기념사진을 찍는 날, 창업 멤버들이 나눌 후일담의 한 장면일 것이다.
　창업 멤버 8인방 가운데 네이버에 남은 이해진 창업가는 내성적이라 좀처럼 공식 석상에서 대외 발언을 하지 않지만, 네이버 20주년에 심포지엄에 나와 다음과 같이 말했다.

"마지막 의사결정자라는 게 권력처럼 보이지만 정말 고통스러운 것이다. 가장 힘들었던 것은 일본에서 대지진이 났을 때였다. 사무실 안에 있었는데 고층 빌딩이 휘청거리면서 흔들렸고 원전이 터졌다. 공항으로 직원들을 대피시켰는데, 아이를 안고 있는 직원들도 있었다. 그 상태에서 사업을 계속해야 하는지, 직원들을 철수시켜야 하는지 고민했다. 철수하면 지금까지 해왔던 것은 실패가 되는 것인데, 더 하자고 하면 큰 위험에 빠질 수밖에 없고. 결정을 내려야 하는 순간인데 그 압박감에 펑펑 울었다.

그때 한 번. 울었다기보다는 압도된 책임감에. 나도 너무 힘들고, 성공해서 돈도 못 쓰고 죽을 뻔한 것 아닌가. 그런 상황에서 의사 결정을 해야 하는데 너무 잔인했고 압도했던 경험이 힘들었다. 결국 같이 갔던 팀하고 얘기해서 반은 돌아갔다. 안전에 대한 문제이기 때문이다. 가족들이 다 걸린 문제니까. 반은 돌아갔고 반은 남았다. 남은 사람들이 만든 게 라인이었다. 드라마틱하고 믿겨지지 않는 결과였다.[24]"

미주*endnote*

1) 피터 틸·블레이크 매스터스 지음, 이지연 옮김,《제로 투 원》, 한국경제신문, 2014,
   pp.78~80.

2) 같은 책, p.80.

3) 이건희 지음,《생각 좀 하며 세상을 보자》, 동아일보사, 1997, p.65.

4) 벤 호로위츠 지음, 안진환 옮김,《하드씽》, 한국경제신문, 2021, p.106.

5) 같은 책, p.108.

6) 김범수·스리체어스 편집부 지음,《바이오그래피 매거진 ISSUE.9: 김범수》, 스리체어스,
   2017, p.221.

7) 이건희 지음, 앞의 책, p.129.

8) 벤 호로위츠 지음, 앞의 책, p.305.

9) 브래드 스톤 지음, 야나 마키에이라 옮김,《아마존, 세상의 모든 것을 팝니다》, 21세기북스,
   2014, p142.

10) 같은 책, pp.144~145.

11) 이기문 지음,《크래프톤 웨이》, 김영사, 2021, p.40.

12) 김범수·스리체어스 편집부 지음, 앞의 책, p.210.

13) 같은 책, p.210.

14) 스기모토 다카시 지음, 유윤환 옮김,《손정의 300년 왕국의 야망》, 서울문화사, 2018,
   p.38.

15) 같은 책, pp.62~63.

16) 홍하상 지음,《정주영처럼 생각하고 정주영처럼 행동하라》, 북랩, 2015, p.160.

17) 밀랜드 M. 레레 지음, 권성희 옮김,《미래 시장을 잡는 독점의 기술》, 흐름출판, 2006년,
   p.251.

18) 필 나이트 지음, 안세민 옮김,《10대를 위한 슈독》, 사회평론, 2018, p.280.

19) 김범수·스리체어스 편집부 지음, 앞의 책, p.278.

20) 토마스 슐츠 지음, 이덕임 옮김,《구글의 미래》, 비즈니스북스, 2016, p.18.

21) 벤 호로위츠 지음, 앞의 책, p.143.

22) 칼 마르크스 지음, 남상일 옮김,《임금. 가격. 이윤》, 백산서당, 1990년, p.23.

23) 성호철 지음,《소통하는 문화권력 TW세대》, 휴먼비즈니스, 2008년, p.124.

24) "이해진, 네이버, 제국주의 끝까지 저항한 회사로 남고파", ZD넷코리아, 2019.06.18.

창업가의 답

2021년 12월 22일 초판 1쇄

지은이 성호철, 임경업
펴낸이 박영미
펴낸곳 포르체

책임편집 원지연
마 케 팅 문서희, 이광연

출판신고 2020년 7월 20일 제2020-000103호
전화 02-6083-0128 | 팩스 02-6008-0126
이메일 porchetogo@gmail.com
포스트 https://m.post.naver.com/porche_book
인스타그램 www.instagram.com/porche_book

여러분의 소중한 원고를 보내주세요.
porchetogo@gmail.com